跟着名师学国学

大学·中庸

(春秋) 曾　参
(春秋) 子　思　编著

吉林出版集团股份有限公司
全国百佳图书出版单位

图书在版编目（CIP）数据

大学·中庸 /（春秋）曾参,（春秋）子思编著. --
长春：吉林出版集团股份有限公司, 2015.12（2023.3 重印）
（跟着名师学国学）
ISBN 978-7-5534-9698-6

Ⅰ. ①大… Ⅱ. ①曾… ②子… Ⅲ. ①儒家②《大学》- 青少年读物③《中庸》- 青少年读物 Ⅳ.
① B222.1-49

中国版本图书馆 CIP 数据核字（2015）第 303055 号

DAXUEZHONGYOUG

大学·中庸

编　　者	曾　参　子　思
责任编辑	邢　扬　杨　鲁

出　　版	吉林出版集团股份有限公司
发　　行	吉林出版集团社科图书有限公司
地　　址	吉林省长春市南关区福祉大路 5788 号　邮编：130118
印　　刷	三河市南阳印刷有限公司
电　　话	0431-81629711（总编办）
抖 音 号	吉林出版集团社科图书有限公司　37009026326

开　　本	920mm×650mm 1/16
印　　张	10
字　　数	120 千
版　　次	2016 年 1 月第 1 版
印　　次	2023 年 3 月第 3 次印刷

书　　号	ISBN 978-7-5534-9698-6
定　　价	29.80 元

如有印装质量问题，请与市场营销中心联系调换。0431-81629729

前 言

中华文明以其强大的凝聚力和隽永的魅力,历经沧桑却完整地传承下来。中华民族的传统文化博大精深、源远流长,中华民族传统文化以其珍贵的品质、超人的智慧、独特的魅力,塑造着华夏子孙的灵魂。

从古至今,无论是帝王将相还是文人墨客,他们都是从小熟读中华经典,长大之后才能善用中华经典,治国安邦,正如宋代名相赵普标榜过的"半部论语治天下"。

古往今来,无数中华儿女从经典国学中汲取智慧,陶冶情操,提高修养。教育专家曾有过统计,凡是参加过国学教育的青少年,无论是在智力提升、知识积累,还是在品行修养、才艺开发等方面,都大大强于未经过国学教育的同龄人。在当今各国文化繁荣的时代,作为家长更应重视培育孩子文化知识与民族情操,从纷繁芜杂的文化作品中慎重选取最好的、最纯粹的、最精华的图书给孩子。而国学,中华五千年文化精髓,是广大青少年成才的必备,是给予孩子最有爱心、最值得期待且最有价值的丰厚礼品。

本套丛书汇集国学文化中的经典著作,凝聚了中华五千年传统文化精髓,体现了中华民族博大精深的文化瑰宝。本套丛书行文流畅,辞藻华丽,前后连贯,朗朗上口;内容丰富,包含天文地理、人文历史、治国修身、道德伦理等丰富知识,是青少年学习和领悟中华传统文化的最佳读本。

以弘扬中华传统文化精髓为宗旨，经过精心甄选与编撰形成这套《跟着名师学国学》丛书，旨在继承发扬国学经典文化，使青少年读者在阅读过程中培养和提高自身的记忆能力、认知能力、表达能力、逻辑思维能力、社会交往能力、认识自我能力和创造能力，将传统文化的种子撒播在青少年读者的心中，为成就其未来的辉煌人生打下坚实的文化基础。

目　录

大　学

经 …………………………………………………… 001
第一章 ……………………………………………… 008
第二章 ……………………………………………… 011
第三章 ……………………………………………… 014
第四章 ……………………………………………… 025
第五章 ……………………………………………… 027
第六章 ……………………………………………… 028
第七章 ……………………………………………… 034
第八章 ……………………………………………… 040
第九章 ……………………………………………… 044
第十章 ……………………………………………… 054

中　庸

第一章 ……………………………………………… 085
第二章 ……………………………………………… 090
第三章 ……………………………………………… 092
第四章 ……………………………………………… 094

第五章 ………………………………………………… 095

第六章 ………………………………………………… 096

第七章 ………………………………………………… 098

第八章 ………………………………………………… 099

第九章 ………………………………………………… 102

第十章 ………………………………………………… 103

第十一章 ……………………………………………… 106

第十二章 ……………………………………………… 107

第十三章 ……………………………………………… 110

第十四章 ……………………………………………… 113

第十五章 ……………………………………………… 116

第十六章 ……………………………………………… 118

第十七章 ……………………………………………… 120

第十八章 ……………………………………………… 123

第十九章 ……………………………………………… 128

第二十章 ……………………………………………… 132

大学

经

原文

大学之道,在明明德,在亲民,在止于至善。知止而后有定,定而后能静,静而后能安,安而后能虑,虑而后能得。

译文

大学的宗旨,是教人发扬光明正大的品德,使周围的人都能够弃旧图新,达到最完善的境界。只有知道要达到的境界,才能够有坚定的志向,有了坚定的志向,才能够镇静不乱,镇静不乱才能够心平气和,心平气和才能够考虑周到,考虑周到才能够有所收获。

启示

《大学》是一本学习道德的入门书,而修德的最高境界是"至善":心中没有丝毫私欲杂念,完全充盈着宽容、慈悲、诚信、忍耐、坚毅等美德。小朋友们既然已开始了修德的历程,就好好朝着这个目标努力吧!

知识

明 德

《大学》是儒家谈论大学教育的文章。所谓大学,就是关于道德修养的大人之学。全文共十章,相传"明德"所在的第一章为孔子的观点,曾子述之,后九章为曾子之意。全文由曾子的门徒所记。

原文

wù yǒu běn mò　shì yǒu zhōng shǐ　zhī suǒ
物 有 本 末,事 有 终 始。知 所
xiān hòu　zé jìn dào yǐ
先 后,则 近 道 矣。

译文

世界上的每样东西都有根本和枝末,每件事情都有开始有结束。知道了本末始终的先后次序,就接近事物发展的规律了。

启 示

"根本"是事物最重要的东西。比如一棵大树,种子是根本,没有它就不能生根发芽,就不会有茂密的树枝,也不会长成参天大树;大树的根部是根本,根枯了,枝叶也会随之枯萎(wěi),整棵大树也活不成了。

故 事

榜样的力量

北魏时清河太守房景伯是一个有名的孝子。他的母亲姓崔,知书达理,很有见识。一天,有个老妇人愁眉苦脸地来到房景伯面前,诉说自己儿子的种种不孝。房景伯听完后十分生气,立刻派人将那不孝子抓来问罪,并将这件事告诉了自己的母亲崔氏。崔氏听了,笑着说道:"老百姓没有读过什么书,不知道礼仪孝道,也没有人指教他,不必过分责怪。你把他们母子叫来,余下的就交给我来处理好了。"

第二天,房景伯把老妇人和她的儿子接到家里,交给崔氏。崔氏并没有教训那不孝子,反而很客气地对老妇人说:"您远道而来一定还没有吃饭,坐下来和我们一起吃吧!"说完,对不孝子说:"你站到房屋外面去。"那不孝子胆怯地退出了房间。接着崔氏又让房景伯端菜送饭。房景伯像往常一样,很恭敬地侍奉崔氏,不敢有丝毫怠慢。到了晚上,崔氏又让老妇人和自己睡在一张床上,让不孝子站在房屋外面,看房景伯侍候两位老人。不到十天,不孝子羞愧难当,他跪在房景伯面前，承认自己错了，请求房景伯让他和他母亲一起回家。

正当房景伯准备答应时，崔氏说："这人虽然已经感到羞愧，但只是停留在表面，还没有真正觉悟。我们再留他几天吧。"不孝子只能沮丧地继续在房间外面看房景伯侍候两位老人。二十多天后，他再也看不下去了。他跪在房景伯、崔氏和他的母亲面前，一边连连磕头，一边哭喊着："娘，我错了。我保证以后一定像房大人那样做个孝顺的人！娘，您原谅我吧！跟我回去吧！"老妇人看着悔过自新的儿子，也感动得痛哭流涕。她对崔氏说："我的孩子终于知道错了，谢谢你们啊！回去以后他一定会孝顺我的。"崔氏看着这对哭得不成人样的母子，这才同意他们回家。

回家后，这不孝子果然十分孝顺自己的母亲，成了当时远近闻名的孝子。

原　文

古之欲明明德于天下者，先治其国；欲治其国者，先齐其家；欲齐其家者，先修其身。

译　文

古代那些要想在天下弘扬光明正大的品德的人，先要治理好自己的国家；要想治理好自己的国家，先要管理好自己的家族;要想管理好自己的家族,先要修养自身的品性。

启 示

"静以修身,俭以养德",古人十分注重个人的道德修养,认为一个人只有修身明德之后,才能成为有出息的人。小朋友正处在学习道德的基础阶段,一定要时时以修身养德为本。

原 文

欲修其身者,先正其心;欲正其心者,先诚其意;欲诚其意者,先致其知;致知在格物。

译 文

要想修养自身的道德品性,先要端正自己的思想;要想端正自己的思想,先要使自己的意念真诚;要想使自己的意念真诚,先要获得知识;获得知识的途径在于观察、研究万事万物,并总结出其中的规律。

启 示

怎样修养自身的品德呢?就要正心、诚意、致知、格物。大千世界纷繁复杂,探究大自然的奥秘也不是一朝一夕就能完成的。"不积小流无以成江海",小朋友必须从生活的点滴学起,观察生活的细节,勤于思考,日复一日,这样学识才会提高。

知识

修身、齐家、治国、平天下

在儒家思想中，伦理道德被看作是人的本质，人的行为的最高准则就是实现伦理道德，即按照"礼"的规范修身养性，以达到"仁"的境界。个人的道德修养、家庭的伦常关系、国家的政治统治被置于同坐标系中，这就是修身、齐家、治国、平天下的公式。

原文

wù gé ér hòu zhī zhì，zhī zhì ér hòu yì chéng，
物格而后知至，知至而后意诚，
yì chéng ér hòu xīn zhèng，xīn zhèng ér hòu
意诚而后心正，心正而后
shēn xiū，shēn xiū ér hòu jiā qí，jiā qí ér
身修，身修而后家齐，家齐而
hòu guó zhì，guó zhì ér hòu tiān xià píng
后国治，国治而后天下平。

译文

在观察、研究万事万物，总结了其中的规律后，才能获得知识，获得知识后意念才能真诚，意念真诚后思想才能端正，思想端正后才能修养自身的品性，自身的品性修养后才能管理好家族，管

理好家族后才能治理好国家，治理好国家后天下才能太平。

启 示

这一段主要讲的是修道求学的次序。小朋友正处在求学的起步阶段，首先要有正确的学习态度，明白"学海无涯""知无止境"，虚心学习各种知识，才能填补学识上的空白，弥补自身的缺陷，渐渐形成正确的看法，产生一种发自内心的求学热情，成为一个正心诚意的明德之人。

原 文

自天子（zì tiān zǐ）以至于庶人（yǐ zhì yú shù rén），一是皆以修（yī shì jiē yǐ xiū）身为本（shēn wéi běn）。其本乱而末治者（qí běn luàn ér mò zhì zhě），否（fǒu）矣（yǐ）；其所厚者薄（qí suǒ hòu zhě báo），而其所薄者（ér qí suǒ báo zhě）厚（hòu），未之有也（wèi zhī yǒu yě）。

译 文

上自皇帝，下到平民百姓，人人都要以修养自身道德、品性为根本。若人们不将修养自身的道德品性作为根本，就不可能管理好家族，治理好国家，也不可能使天下太平。将应该重视的事情忽略了，应忽略的事却重视起来，想要治好国，平天下，这是从来没有发生过的。

启示

在修身、齐家、治国、平天下中,修身是根本。如果我们不修养自身的品德,而想去治理天下,是不可能成功的。修身好比是房子的地基。如果不先打牢地基,就无法盖成美丽高大的屋子。学习也是这样,小朋友正处在打基础的时候,只有认真地把基础知识学好,以后才能学习一些高深的学问,成为一个对国家有用的人。

知识

四书五经

四书五经是中国儒家经典书籍,四书和五经的合称。是南宋以后儒学的基本书目,儒生学子的必读之书。四书指的是《论语》《孟子》《大学》和《中庸》;而五经指的是《诗经》《书经》《礼经》《易经》《春秋经》,简称为"诗、书、礼、易、春秋"。四书之名始于宋朝,五经之名始于汉武帝。

第一章

原文

kāng gào yuē　　kè míng dé
《康诰》曰:"克明德。"

《太甲》曰:"顾谡天之明命。"
《尧典》曰:"克明峻德。"皆自明也。

译文

《康诰》说:"能够弘扬美德。"《太甲》说:"常常想起上天赋予的光明品德。"《尧典》说:"能够弘扬崇高的品德。"这三句话都是说要弘扬自己光明正大的德行。

启示

秦始皇是我国历史上第一个皇帝。秦始皇之前,历史上就存在夏、商、周三个朝代了,但是我们不称这三个朝代的君主为皇帝,而叫他们夏王、商王、周王。

故事

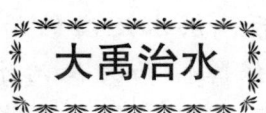

大禹治水

很古的时候,地球上发生了一场空前的灾难。暴雨形成了大水,浩浩荡荡,袭击了很多地方,造成了大规模洪水泛滥,大山高原都被洪水包围了,老百姓非常忧愁。当时的帝王尧便派鲧(gǔn)负责治水。

鲧一上任就修建了很多堤坝。可是没想到洪水实在太凶猛了，堤坝不仅没有阻止洪水，反而被洪水冲击得全部溃败，造成了更大的灾难。

　　眼看着人民生活在水深火热之中，尧焦虑得愁容满面，整个人都瘦了很多。这时，有人对尧说："何不让鲧的儿子大禹来接替他父亲的工作治水呢？他也是一个很有才能的人呀。"尧苦着一张脸说："只好如此了，让大禹试试吧。"

　　大禹接到任务以后，立即全身心投入了治水工作。他没有立刻修建堤坝，而是亲自走访了每一条泛滥的河流，想找到最有效的治水方法。四处跋涉之后，他终于制定了以疏通河道为主、修建堤坝为辅的治理措施。

　　治水方针一制定，他便带着大伙儿忙开了。大禹在治水时一直拿着粗糙的石器，磨得手上全是老茧，连指甲都掉了。而且，因为他长期泡在水里，腿上的汗毛也掉了很多。每天晚上，大家都歇下来的时候，大禹总是被疾病折腾得连觉都睡不安稳。

　　但大禹仍然坚持不停地工作。他不忍心看到老百姓受苦，立志要战胜洪水。有好几次路过家门，他都没有时间回家看看妻子和儿女。

　　终于，八年之后，洪水泛滥的局面得到了控制，人民的生命财产有了保障。而大禹治水的事迹千古流传，为世人颂扬。他公而忘私、勤劳勇敢的精神感动了一代又一代人。

第二章

原文

汤之《盘铭》曰:"苟日新,日日新,又日新。"《康诰》曰:"作新民。"《诗》曰:"周虽旧邦,其命惟新。"是故君子无所不用其极。

译文

商汤刻在洗澡盆上的字说:"如果能在今天洗净身上的脏东西,使身心清新,就应天天洗净脏东西,使身心清新,更要继续不断地每天清洗,使身体和精神焕然一新。"《康诰》说:"激励人们弃旧图新,去恶从善。"《诗经》中说:"周朝虽然是旧的国家,其天命却能始终做到自我更新。"所以,品德高尚的人都竭尽全力,使自己达到最完善的境界。

启 示

用刻在商汤王洗澡盆上的文字，引申出精神洗礼、品德修炼以及思想改造的重要性，强调要不断自我革新，自我完善。

故 事

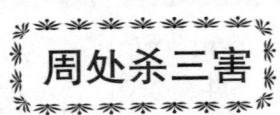

周处杀三害

周处是东吴人，父亲很早就死了。他自小没人管束，整天在外面游荡，不肯读书；而且脾气暴躁，动不动就打人，甚至动刀使枪，义兴的百姓都怕他。

当时，附近的南山有一只白虎，经常出来伤害百姓和家畜，当地的猎户都制服不了它。在长桥下还有一条鳄鱼，出没无常。人们把周处和白虎、鳄鱼并称为"三害"。

一次，周处见人们都闷闷不乐，问道："大伙为什么都愁眉苦脸呢？"

一人没好气地回答："三害还没有除掉，怎么高兴得起来！"

周处第一次听到"三害"这个名称，就问："你指的是哪三害？"

那人说："南山的白虎，长桥的鳄鱼，加上你，不就是三害吗？"

周处吃了一惊：原来百姓把他当作虎、鳄鱼一样的大害了。他沉吟了一会儿，说："既然大家都为'三害'苦恼，我就把它们除掉。"

过了一天，周处带着弓箭进山找虎去了。到了密林深处，从远处窜出了一只白虎。周处"嗖"一下，射中猛虎前额，结果了它的性命。

又过了一天，周处带了刀剑跳进水里去找鳄鱼。他趁鳄鱼不备，在鳄鱼身上猛刺一刀。鳄鱼受了重伤，往下游逃窜。周处紧紧跟在后面，一直追踪到几十里以外。

三天三夜过去了，周处还没有回来。大家以为这下周处和鳄鱼一定两败俱伤，都死在河里了。见"三害"都死，大家喜出望外，互相庆贺。

没想到第四天，周处竟安然无恙地回家来了。原来鳄鱼受伤后，被周处一路追击，最后流血过多而死。

周处回到家后，知道人们以为他死了，都挺高兴。他认识到自己平时的行为已经让人们十分痛恨，便下定决心，做个好人。从此以后，他刻苦读书，注意自己的品德修养，终于成为晋朝的大臣。

知 识

商 汤

有一次，商汤去见伊尹，叫彭氏的儿子给自己驾车。彭氏之子半路上问商汤说："您要到哪儿去呢？"商汤答道："我将去见伊尹。"彭氏之子说："伊尹，只不过是一个曾做过奴隶的人。如果您一定要见他，只要下令召见他就行了，这对他已蒙受恩遇了！"商汤说："这不是你所知道的。如果现在这里有一种药，吃了它，耳朵会更加灵敏，眼睛会更加明亮，那么我一定会喜欢而努力吃药。现在伊尹对于我国，就好像良医好药，而你却不想让我见伊尹，这

> 是你不想让我好啊！"于是叫彭氏的儿子下去，不让他驾车了。

第三章

原　文

《诗》云："邦畿千里，惟民所止。"《诗》云："缗蛮黄鸟，止于丘隅。"子曰："于止，知其所止，可以人而不如鸟乎？"

译　文

《诗经》说："一个国家国土面积几千里，是老百姓居住的地方。"《诗经》又说："叽叽喳喳的黄鸟，栖息在草木茂盛的山角里。"孔子说："连黄鸟都知道选择一个好的地方来栖息，难道一个人反而不如一只鸟吗？"

启 示

孔子姓孔名丘,是我国古代著名的思想家、教育家。因为他的学问很大,品德也很好,人们很尊敬他,就称他为"孔子"。他教了几十年的书,有很多学生。他的学生把孔子平时讲的话记下来,编成了一本书,叫《论语》。

故 事

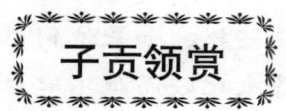

子贡领赏

孔子有三千多个学生,其中有一个叫子贡,善于经商,赚了很多钱。春秋时期很多小国家为了当霸主,常常发动战争。当时的习惯是,如果一个国家在战争中俘虏了别国的士兵,就会在他们脸上刺字,并把他们当奴隶使唤。这些士兵因为脸上的字没有办法消除,所以一生都只能留在敌国当奴隶,生活十分悲惨。

孔子和他的很多弟子是鲁国人,鲁国有很多士兵在别国当奴隶。鲁国的国君为了解救这些被俘的士兵,就出台了一个政策,他对鲁国的百姓说:"只要谁能将那些被俘的士兵赎回,就可以到我这里如数拿回赎金,并且作为奖励,我还会给他们额外的奖赏。"

子贡在一个国家经商的时候,发现了一个鲁国的士兵正在这个国家当奴隶,于是就把他赎了回来。回到鲁国后,他却没去找国君领赏。鲁国人因此对子贡大加赞赏。可是孔子知道这件事后,却很不高兴。

他教训子贡说:"子贡啊!你这样做,可把鲁国的那些俘虏们害苦了呀！"

子贡很吃惊："老师，这话怎么讲，难道我赎人不对吗？"

孔子说："你有没有想过，你这样一做，别人赎了士兵，就不好意思去领赏了。"

子贡说："不领就不领呗，这怎么会害苦俘虏呢？"

看子贡还是没有意识到自己的错误，孔子继续说："你自己经商赚了很多钱，可以不要报酬地赎人。但是大部分的鲁国人没有这些钱，如果他们以后赎回奴隶后去领赏，人们肯定会拿你来比较而瞧不起他们，但是如果不去领赏的话，他们又负担不起赎金。权衡一下，他们就不愿意救俘虏了。"

子贡恍然大悟，连声说："老师我错了！"他告别了孔子，立刻领赏去了。

原　文

《诗》云："穆穆文王，於缉熙敬止。"为人君，止于仁；为人臣，止于敬；为人子，止于孝；为人父，止于慈；与国人

jiāo　　zhǐ yú xìn
交，止于信。

译 文

《诗经》说："品德高尚的文王啊，为人光明磊落，做事始终庄重谨慎，使人崇敬。"由此可知，做国君的，要做到仁爱人民；做臣子的，要做到尊敬君主；做子女的，要做到孝顺父母；做父亲的，要做到慈爱子女；与他人交往，要做到言而有信。

启 示

周文王的名字叫姬(jī)昌，是商朝的一个诸侯王，他很有品德，为人和善，关心百姓生活，人民都很喜欢他。当时商朝的国王整天在宫里看宫女唱歌跳舞，对国家的事情不闻不问，对老百姓也很残忍，人民都恨商王，于是很多人都跑到姬昌管理的那个地方去了。后来姬昌的儿子姬发消灭了商朝，建立了周朝。人民为了纪念姬昌，就尊称他为周文王。

故 事

周文王访姜子牙

周文王为了治国安邦，到处寻访贤人，希望得到帮助。

一天，他在渭水河边找到一个叫姜子牙的贤人，很想请姜子牙帮助治理国家。可是姜子牙却不紧不慢地问："大王打算用什么请我回去呢？"

周文王说:"骑马、坐轿,随你挑。"

姜子牙说:"我一不骑马,二不坐轿,大王的辇车得让给我坐。"

和周文王同行的官员都愣住了!这辇车只有大王才能坐,你姜子牙算老几?居然要求坐辇车!可是,周文王听了姜子牙的要求,不假思索地就答应了。

姜子牙还继续出难题:"我坐辇车,还得大王亲自拉着。"

官员们又吓了一跳,心想姜子牙真是胆大包天!可是,周文王又答应了。姜子牙坐上辇车,周文王拉着,一步一步地走。

周文王自小就有人服侍,肩不挑担,手不提篮,平日里没干过什么粗活,哪能拉得动辇车?所以拉了一会儿他便停下来歇脚,再回头一看,姜子牙居然在辇车里舒服地睡着了!周文王并不恼怒,歇了一阵,再拉一会儿,再歇了一阵,再拉。这样停停歇歇三四回后,他累得汗珠子像下雨一样滴下来。他只好喘着粗气,对姜子牙说:"哎呀,我实在是拉不动啦!"

姜子牙睁开眼睛,下了辇车,问:"大王拉我走了多少步?"

周文王说:"我没数。"

姜子牙说:"大王拉我走了173步,我保大王的子孙坐873年的天下。"

周文王一听,后悔了,连忙说:"你快上辇车,我还拉。"

后来,在姜子牙的帮助下,周文王的儿子周武王顺利消灭了商朝,建立了周朝。

知识

《诗》

《诗》即《诗经》，是我国的第一部诗歌总集，收集了自西周初年至春秋中叶五百多年的诗歌305篇。先秦称《诗经》为《诗》，有3000首之多，后来只剩下311首，后来为方便，就称作"诗三百"，或取其整数称《诗三百》、《三百篇》。孔门弟子中，子夏对诗的领悟力最强，所以由他传诗。西汉时被尊为儒家经典，才称为《诗经》并沿用至今。

原文

《诗》云："瞻彼淇澳，绿竹猗猗；有斐君子，如切如磋，如琢如磨；瑟兮僴兮，赫兮喧兮；有斐君子，终不可谖兮。"

译 文

《诗经》说:"看那淇水弯曲的岸边,嫩绿的竹子优美茂盛;有一位文质彬彬的君子,他研究学问就好像是加工工艺品,不断地切磋,使它精致;修养自己的品德就好像是打磨玉石,反复琢磨,使它精美;他态度庄重,模样威严,他光明磊落,襟怀坦荡。这样的一个文质彬彬的君子,真是令人难忘啊!"

启 示

这里说的是学习和修养的态度和过程,无论何时,我们都要时时反省自己,使自己时刻保持虚心求学、勤奋好学的状态,反复温习所学知识,精益求精。

故 事

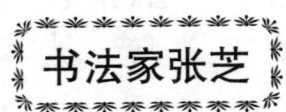

书法家张芝

东汉时,有一个小孩叫张芝,从小就非常喜爱书法。他经常在家里拿着毛笔玩,还学着爸爸妈妈写字的样子在白纸上反复练习。他爸爸看到他这么喜欢书法,就给他找了一个书法老师,教他书法。

在老师的指导下,张芝进步得很快。他学习书法非常勤奋,把家里准备做衣服用的白布全拿来练字,等白布被涂得黑压压一片的时候,再拿去染色做衣服。

每天上完课,张芝就一个人在房间里练字。练完字,他就到池塘边去洗笔和砚。后来,他觉得这样来来回回太浪费时间了，便干脆把笔、墨、纸、砚全移到池塘边，直接在池塘边练字，就这样一练就是好几年。

一天，张芝练完字，和往常一样在池塘里洗笔和砚，洗了很久，毛笔还是黑黑的，怎么也洗不干净。于是，他在池塘边不停地洗，嘴里开始嘀咕："怎么回事？难道是我眼花了不成？"

这时，邻居的大叔恰好路过，听见了张芝的话。他望着张芝，笑着说："孩子，你没眼花，是这池水整个变成黑色啦，你怎么能洗干净呢？"

张芝一看，天啊，这池水果然是黑的。原来他专心练习书法，长时间在池塘中洗笔和砚，以致使清澈的池水变成了黑色。他脸红地说："大叔，都怪我，把水污染了……"

大叔摸着张芝的头说："孩子，你放心，水有自我清洁的功能，过些天它会慢慢变干净的。你这么专心，以后一定是个有出息的人！"

张芝后来果然成了著名的书法家。

原　文

如切如磋者，道学也；如琢如磨者，自修也；瑟兮僴兮者，恂慄也；赫兮喧兮者，威仪也；有斐君子，终不可諠兮者，道盛德至

shàn　mín zhī bù néng wàng yě
善，民之不能忘也。

译 文

所谓"如切如磋"，是指他研究学问的方法；所谓"如琢如磨"，是指他自我修养的方法；所谓"瑟兮僩兮"，是指他内心谨慎谦恭；所谓"赫兮喧兮"，是指他非常威严，令人敬畏；所谓"有斐君子，终不可谖兮"，是指他盛大的品德到达了至善至美的境界，使人民敬仰，人民不能忘记他。

启 示

小朋友们有没有发现，班上总有一些人的成绩特别优秀呢？那并不是因为他们有多聪明，而是因为他们掌握了正确的学习方法。古人常说，"书读百遍，其义自见"，学习就是一个不断打磨、不断复习的过程。如果我们坚持每天课后复习一遍学过的知识，思考一遍老师课堂上讲的话，我们会对这些知识掌握得更加牢固，对其中模糊的部分理解得更加透彻。

知 识

君 子

"君子"是孔子的理想化的人格。君子以行仁、行义为己任。君子也尚勇，但勇的前提必须是仁义，是事业的正当性。君子处事要恰到好处，要做到中庸。在孔子看来，君子的反面，即是小人。《论语》中君子、小人对举者甚多。孔子将君子、小人对举，是为了通过对照，彰显君子的品质。

原文

《诗》云:"於戏!前王不忘。"

译文

《诗经》说:"哎呀,从前的文王、武王真使人难忘啊!"

启示

周文王、周武王是古代有名的贤君,活着的时候老百姓就敬爱他们,去世后老百姓还是常常想起他们。所以说,有贤德的人虽然去世了,但他们的事迹在民间口耳相传,贤名也因此一直流传到现在。相反,德行败坏的人,比如说商纣(zhòu)王,人民也会因为恨他而一直挂在嘴边,遗臭万年。

故事

武王继述

周朝的武王,姓姬名叫发,是文王的第二个儿子。文王是个大圣人,又非常孝顺。武王就跟了他父亲的行为做着,很小心地不敢逾越了一点儿。

有一回,文王有了疾病。武王就服侍父亲,整天在父亲的身边,连衣帽也不敢脱去。文王吃一碗饭,他才肯吃一碗饭。文王添了一碗饭，他也再吃一碗。一直这样过了12天。文王病好了他才放了心，后来文王死了。武王代替父亲，做了诸侯。

当时，商朝的纣王非常暴虐。天下的百姓个个都憎恨他。于是武王就去讨伐了纣王，得了天下。同弟弟封周公名旦的，继续了父亲的志愿，传述先人的事业。他们服侍死了的人，像服侍活着的人一样的诚敬；服侍亡故的人，像服侍生存的人一样的有礼。后来孔夫子很称赞他，说："武王的孝顺行为，是合天下的人都说孝顺的。"

原 文

jūn zǐ xián qí xián ér qīn qí qīn xiǎo
君子贤其贤而亲其亲，小
rén lè qí lè ér lì qí lì cǐ yǐ mò shì
人乐其乐而利其利，此以没世
bú wàng yě
不忘也。

译 文

这是因为君主和贵族能够尊重贤人，亲近亲族，老百姓也都蒙受恩泽，享受他们创造出来的安乐生活，获得了利益。所以，虽然他们已经去世多年，但人们还是永远不会忘记他们的美德。

启 示

有贤德的人帮助了老百姓，老百姓就不会忘记他。比如宋代的岳飞，他抵抗金兵，使老百姓过上安稳的日子，老百姓直至现在都不忘记他。

> **知识**
>
> ## 仁
>
> "仁"是我国古代一种含义极广的道德范畴,指人与人之间相互亲爱。孔子把"仁"作为人的最高道德原则、道德标准和道德境界。他第一个把整体的道德规范集于一体,形成了以"仁"为核心的伦理思想结构,包括孝、悌、忠、恕、礼、知、勇、恭、宽、信、敏、惠等内容,对后世产生了很大的影响。

第四章

原文

子曰:"听讼,吾犹人也;必也使无讼乎!"无情者,不得尽其辞,大畏民志,此谓知本。

译文

孔子说:"审理案子,解决纠纷,我也和别人一样,目的在于使纠纷不再发生！"使奸诈不诚实的人不敢再花言巧语，使人们从心底里敬畏具有美德的人，这就叫做抓住了根本。

启 示

孔子认为对一些纷争诉讼，要以仁爱之心来判别，最终目的不在谁对谁错，而在使整个社会变得更好。

故 事

于 公

从前有一个牢头叫于公。他办事公道，从不欺负犯人。

这年腊月三十晚上，于公查完了牢房，正想回家过年，忽然听见牢里有人在哭，开始是一个人、两个人，后来全牢的人都哭了。于公很纳闷，问道："我没打你们没骂你们，你们哭什么？"有人回答说："老爷，我们不能回家团圆，心里怪难过的，所以哭了。"

于公听了，寻思道："过年过节，都想和亲人团聚，这是人之常情。"沉吟半天，他说："都别哭了，只要大伙能保证在后天清晨县令查狱前赶回来，我今天晚上就放你们回家过年。"那些人听了，一齐朝于公磕头说："老爷放心，我们一定赶回来。"于公打开狱门，把犯人都放走了。

正月初一这天，天上下起了鹅毛大雪，雪花一个劲地往地上落，不大会就把大地盖得严丝合缝。于公看了，心想："坏了，这么大的雪，那些犯人还能回来吗？"

按当时的国法，私放犯人是大罪。于公望着这场漫天大雪，急得像热锅上的蚂蚁，都没有心思过年了。

　　初二这天，于公换上一身干净衣服来到牢里。不料他到牢里一看，满牢的犯人都到齐了。他们一个个都裹着一身雪，跟个雪人一样，见了于公，他们一齐磕头谢恩。

　　于公见了这光景，仰天大笑说："皇天无情人有情，哈哈哈哈！"突然一口粘痰堵住了喉头，他呼吸不过来，咕咚一声倒在地上，死了。

　　于公下葬后的第三天，犯人的亲朋好友都赶来给于公添坟。后来，凡是刑满出狱的犯人，在回家之前都要往于公的坟上添一些土。年代久了，于公的坟包越聚越大，像一座小山。

第五章

原　文

cǐ wèi zhī běn　cǐ wèi zhī zhī zhì yě
此谓知本，此谓知之至也。

译　文

这就叫抓住了根本，这就叫知识达到顶点了。

启　示

这一章只有"此谓知本，此谓知之至也"这一句话，而且前面半句话和前一章的最后一句话一样。所以有人认为在"此谓知本"和"此谓知之至也"中间漏了一些话。古代人没有纸,他们把文字写在竹简上,一片竹简写一行字,然后再把竹简用绳子穿起来。但是,考古工作人员在地下挖掘竹简时,有很多绳子都断了。没有了绳子,原来竹简的顺序也就混乱了。而且,有的时候发掘不完全,就会漏掉其中的几片竹简。这就造成了古书文字上面的错乱和遗漏。宋朝有个学者叫朱熹,他根据自己对《大学》的理解,在这两句话之间加了一段话,认为这一章主要解释前面说到的"致知在格物"的意思。

第六章

原文

所谓诚其意者,毋自欺也。如恶恶臭,如好好色,此之谓自谦。故君子必慎其独也。

译文

使意念真诚的意思,是说不要自己欺骗自己。要像厌恶腐臭的气味一样讨厌恶的东西,要像喜爱美丽的女子一样喜欢善的东西。一切都要发自内心,使内心畅快满足。所以,品德高尚的人哪怕是在一个人独处的时候,也一定要谨慎小心。

启 示

慎独是古代君子行为处事的一条基本要求,指即使是独自一个人的时候,做事也要处处符合道德礼仪。小朋友们也一样,在老师面前,要做一个认真学习的孩子,在家也一样要认真学习,自觉地完成作业,按时复习功课。

故 事

一叶障目

楚地有个穷苦的书生,一次读《淮南子》的时候,看到书上说:"螳螂用树叶遮住自己的身体,其他小昆虫就看不见它,要是有人能得到那片树叶,就能用它隐藏自己的身体。"书生看到这里,呆呆地想:要是我能得到那片树叶,该有多好。我用树叶遮住自己,别人就看不到我了,我想要什么就可以尽情地到集市上去拿,以后我就再也不用过这种苦日子啦。

想到这里,他扔下书就往树林跑去,想找那种螳螂藏身的树叶。他抬着头,一棵树一棵树地找过去,仰得脖子都酸了,也没找到那种叶子。

忽然,他看见一只螳螂正躲在一片树叶的背后。他高兴极了,赶紧爬上树,准备采那片叶子。可巧,一阵风吹过来,树叶纷纷飘落,他要采的那片叶子也落了到地上。

究竟哪片树叶是螳螂藏身的那片呢?他着急地在地上

一片一片地找，生怕丢了这宝贝。可怎么看树叶都是一个模样，书生只得脱下衣服，把地上的树叶都包了回去。

　　回去之后，他一片一片地拿起树叶遮住自己的眼睛，问妻子："你能看见我吗？"起初，妻子老老实实告诉他看得见，后来见他没完没了地问，不耐烦了，说："别问了，看不见了！"他高兴地跳起来，大喊道："宝贝可找到了！宝贝可找到了！"说完，拔腿就往市场跑。

　　市场可真热闹，什么东西都有。书生满心欢喜，一只手拿树叶遮住自己的眼睛，另一只手去偷人家的东西，结果，给人当场抓获，被扭送到衙门。

　　县官审问他的时候，他老老实实地说："我找到了一片能隐身的树叶，用它遮住自己的眼睛，什么都看不到，这才去拿人家的东西。不知怎么搞的，这片树叶失灵了，我被别人看见就被逮住了。"

　　县官听了，忍不住哈哈大笑起来，知道他是个书呆子，训斥了一顿就把他释放了。

原　文

　　　　xiǎo rén xián jū wéi bú shàn　wú suǒ bú
　　　　小 人 闲 居 为 不 善，无 所 不
zhì　　jiàn jūn zǐ ér hòu yā rán　yǎn qí bú
至；见 君 子 而 后 厌 然，掩 其 不
shàn　　ér zhù qí shàn
善，而 著 其 善。

译　文

　　品德低下的人在一个人独处的时候，什么坏事都做得出来；

一见到品德高尚的人便躲躲闪闪，掩盖自己所做的坏事，而装出一副善良的模样来。

启 示

小人心怀私欲恶念，独自一人时，他自以为没人看见，常会做一些亏心事，无恶不作。可见到君子的时候，又极力遮掩自己所做的恶事，还在众人面前做出伪善的样子来。这种小人就像是内部腐烂的苹果，纵然外表看上去红润鲜美，心灵已腐臭不堪。这种人对社会有何益处呢？小朋友们一定要以这种人为戒，修养内心的道德，成为一个身心如一的人。

知 识

小 人

小人是我国儒家定义君子的"反义词"。如孔子说："唯女子与小人难养也，近之则不逊，远之则怨"。专指喜欢做些搬弄是非、挑拨离间、隔岸观火、落井下石之类的人，与贵人相反。也就是说小人就是不走正轨，阴险的。

原 文

人之视己，如见其肺肝然，则何益矣？此谓诚于中，形

yú wài　gù jūn zǐ bì shèn qí dú yě
于外。故君子必慎其独也。

译文

可是别人看他时，就像看透他的心肺肝脏一样，掩盖又有什么用呢？这就叫内心的真实，一定会表现到外表上来。所以，品德高尚的人哪怕是在一个人独处的时候，也一定要谨慎。

启示

群众的眼睛是雪亮的。小人自以为将内心的恶掩饰得天衣无缝，却不知道众人一下子就看穿了他的本质。善与恶的分别就像白与黑那样泾渭分明，小人的种种掩饰都只能枉费心机，如"掩耳盗铃"那般愚昧。既然恶无法掩饰，善无法伪装，何不诚心实意地做个善人呢？

原文

zēng zǐ yuē　　shí mù suǒ shì　shí shǒu
曾子曰："十目所视，十手
suǒ zhǐ　qí yán hū　　　fù rùn wū　dé rùn
所指，其严乎！"富润屋，德润
shēn　xīn guǎng tǐ pán　gù jūn zǐ bì chéng
身，心广体胖。故君子必诚
qí yì
其意。

译 文

曾子说:"大家的眼睛都在注视着自己,大家的手指都在指着自己,这难道不令人畏惧吗?"财富可以装饰房屋,美德可以修养身心。心胸宽广,可以使身体舒服健康。所以,品德高尚的人一定要使自己的意念真诚。

启 示

这一段说的是正心诚意的功效,它能赋予人们巨大的精神力量,帮助人们克服生活中的困难,解决人们的烦忧,从而使心境开阔,心情愉悦。若一个人端正思想,意念真诚,就没有什么事能难倒他。这就是"精诚所至,金石为开"的道理。小朋友们,让我们一起诚心修德,共同感受正心诚意的巨大力量吧!

故 事

曾子避席

曾子名叫曾参,春秋末年鲁国人。他是孔子的弟子。曾子性情沉静,举止稳重,为人谨慎,待人谦恭,以孝著称。相传他是《大学》的作者,还写了《孝经》。

有一次,曾子坐在孔子身边侍候孔子,孔子问他:"以前,圣贤的君主有至高无上的德行,精要奥妙的理论。他们教导天下的人,人们在他们的教育下和睦相处,君主和臣下之间也不存在什么不满。你知道这些圣贤的君主是用什么来教导天下的人吗?"

曾子听了,明白老师是要指点他最深刻的道理,于是立刻从坐着的席子上站起来。他走到席子外面，恭恭敬敬地回答孔子道："我不够聪明，哪里能知道这些大道理呀！还请老师把这些道理教给我。"

曾子的"避席"是一种非常礼貌的行为。当曾子听到老师要向他传授知识时，他站起身来，走到席子外向老师请教，是为了表示他对老师的尊重。曾子懂礼貌的故事被后人传诵，很多人都向他学习。

《论语》中也常常提到曾子，最有名的是曾子说的："吾日三省吾身：为人谋而不忠乎？与朋友交而不信乎？传不习乎？"这就是说，我们每天都要反省自己，要扪心自问，帮人家做事情的时候有没有不尽心尽力的地方？与朋友交往的时候有没有不诚实的地方？老师教授给我们的知识有没有及时复习？

曾子主张对人要诚信。诚信是人格光明的表现，不欺骗别人，也不欺骗自己；另外要时时温习学过的知识，不能停下来，因为一停下来的话，知识就会僵化。

第七章

原 文

suǒ wèi xiū shēn zài zhèng qí xīn zhě
所 谓 修 身 在 正 其 心 者：
shēn yǒu suǒ fèn zhì　　zé bù dé qí zhèng
身 有 所 忿 懥， 则 不 得 其 正；

yǒu suǒ kǒng jù　zé bù dé qí zhèng　yǒu
有 所 恐 惧 ，则 不 得 其 正 ；有
suǒ hào lè　zé bù dé qí zhèng　yǒu suǒ yōu
所 好 乐 ，则 不 得 其 正 ；有 所 忧
huàn　zé bù dé qí zhèng
患 ，则 不 得 其 正 。

译 文

之所以说修养自身的品德，在于端正自己的思想，是因为如果心里有愤怒，就不能够端正思想；如果心里有恐惧，就不能够端正思想；如果心里有偏好，就不能够端正思想；如果心里有忧虑，就不能够端正思想。

启 示

人都有七情六欲。愤怒、恐惧、偏好、忧虑这四个方面会干扰我们的思想，让我们无法对世间事物作出客观中肯的结论。我们只有立志修德，时时反省自己，有没有被愤怒、恐惧、偏好、忧虑这些感情牵着鼻子走，如果有的话及时改正，这样才能克服这四种情感带来的负面作用。

故 事

李世民和魏征

大家一定都知道唐太宗李世民吧？他是中国历史上一

个有名的贤君。可是大家知道吗，李世民曾经也是一个贪玩的人呢！

有一次，李世民的一名宠臣进献了一只非常好玩的鹞(yào)鹰。这只鹰雄健英俊，惹人喜爱。李世民越看越喜欢，甚至把国家大事丢在一边，让那只鹰在自己的手臂上跳来跳去，玩得十分开心。

魏征得知这件事后，急忙来到宫中。太监见魏征来了，进去告诉李世民说："陛下，魏征到了。"

李世民一听，可吓坏了！魏征可不是一般的人物，他有一说一，有二说二，从不因为面对皇帝，就留什么颜面。这次魏征过来，要是看到自己正在玩鹰，一定又要挨批了。"嗯，一定得把这只鹰藏起来才行！"他左顾右盼，还没找到地方藏鹰，就听见魏征的脚步声越来越近，越来越近。他一时情急，只得将那只鹰塞进衣服的袖子里。

其实这些举动魏征早就远远地看见了，但魏征装作没看见的样子，和李世民谈论起国家大事来。一边是滔滔不绝、口若悬河的魏征，一边是怀中藏鹰、心神不定的皇帝。

本想着魏征说完就能走，谁知魏征的事情说起来没完没了，李世民又不敢催促他离开，只能在心里不住地想："你就不能长话短说吗？真是早不来晚不来，偏偏这时候来！"表面上却装作十分诚恳的样子，听取魏征冗长的汇报。

直到魏征终于起身告辞走了，李世民在心里长长松了一口气，可是等他拿出鹞鹰来一看——死了！

李世民的火一下被点燃了，可他又认真地想了一会儿，终于明白魏征一片爱国、忠君的苦心。从此,李世民再也不沉迷于玩乐享受之中,而是专心致志地治理国家,唐朝也越来越兴盛了。

知识

修 身

修身就是修养身心,具体行为表现在日常生活中就是择善而从,博学于文,并约之以礼。修身的本质是一个长期与自己的恶习和薄弱意志进行斗争的过程,时时检束自己的身心言行,用诚心、仁爱、谦卑的情操来祛除掉思想中的杂质,对抗那些令我们轻浮、骄傲、自大、邪僻的外因、内因。

原 文

心不在焉,视而不见,听而不闻,食而不知其味。此谓修身在正其心。

译 文

思想被愤怒、恐惧、偏好、忧虑等干扰,无法集中、端正的话,心就好像不在自己身上一样:虽然在看,但却像没有看见一样;

虽然在听,但却像没有听见一样;虽然在吃东西,但却一点也吃不出食物的味道。所以说,要修养自身的品性,必须要先端正自己的思想。

启 示

我们如果被愤怒、恐惧、偏好、忧虑等情绪干扰的话,思想就无法集中。若心中念着一件事,就会导致茶不思,饭不想,卧难眠,被这件事牵着鼻子走。因此,我们要尽力克服喜、怒、哀、乐等情绪的影响,用道德来规范我们的言行与思想,达到"不以物喜,不以己悲"的豁达境界。"视而不见""听而不闻"的意思是:虽然望着,却没看见;虽然听着,却没听到。这两个词语后来演变成了成语,用来生动地描绘那种心神不宁、思想不集中的状态。

故 事

两人学下棋

古时候有两个青年人想学下棋。他们听说弈秋是全国最有名的棋手,就相约一起来到弈秋家里,想拜弈秋为师学下棋。弈秋是一个慈祥的人,特别喜欢求学上进的年轻人,所以很高兴地收他们两个人为徒弟。他说:"下棋不是一件困难的事,只要你们专心地学,一定可以学会。"两个人连连点头说:"我们一定专心学习!"

于是,求学生涯正式开始了。第一天,他们两个人听得都很认真,一边拿着笔和纸记笔记,一边对着棋盘认真思考。可是日复一日，每天都重复同样的事情，就渐渐觉得枯燥了。

一天，弈秋正在讲下棋，有一个年轻人听着听着就走了神。他的眼睛虽然一直看着棋盘，但是思想却早就飞到九霄云外去了。"老天，快来只天鹅吧！"他企盼着天空中飞过一只天鹅。"嗯，天鹅一定很美吧！白色的羽毛，美丽的翅膀……"他沉浸在幻想中，又想："如果真的飞过一只天鹅，我该怎么把它射下来呢？用弓箭可以吗？可是，我现在没有弓箭在手上呀！要是错过了岂不是很可惜！"他想着想着，居然真的焦虑起来，似乎真有天鹅将要飞过似的。

这时，他又瞟了一下旁边坐的另一个年轻人，发现那人正认真地记笔记，口中还念念有词。他又自责了："唉，我怎么这么不认真！太不应该啦！"可是没过多久，他又开始想："如果我有了弓和箭，该怎么拿弓，怎么搭箭，又要怎样瞄准，然后再怎样放箭，向最大的天鹅射去呢？"他这样一直想下去，一堂课下来，什么都没有学到。

这以后，他便一发不可收拾，上课开小差的次数越来越频繁，时间也越来越长。一年下来，他下棋的水平几乎没有长进；而另外那个认真听讲的年轻人，始终全神贯注地听弈秋讲解下棋的技艺，最终成了一名出色的棋手。

知识

不以物喜，不以己悲

不以物喜，不以己悲，这是我国的传统道家思想，讲究淡然平静的心态。不以己悲，是一种思想境界，是古代修身的要求，是指无论面对失败还是成功，都要保持一种恒定淡然的心态，不因一时的成功和失败而妄自菲薄，无论何时都保持一种豁达淡然的心态，不因外界的好事而兴高采烈，也不因为自己的不幸遭遇而垂头丧气，坚持自己的原则不受外界的影响。

第八章

原　文

所谓齐其家在修其身者：人之其所亲爱而辟焉，之其所贱恶而辟焉，之其所畏敬而辟

焉，之其所哀矜而辟焉，之其
所敖惰而辟焉。

译文

之所以说管理好家庭和家族，要先修养自身，因为人们对于自己亲近热爱的人会有偏爱，对于自己鄙视厌恶的人会有偏恨，对于自己敬畏的人会有偏向，对于自己同情的人会有偏心，对于自己轻视怠慢的人会有偏见。

启示

这一段告诉我们，偏好对于我们认识事物有害无益，甚至有时会使我们走向失败。西楚霸王项羽在用人的时候，偏向任用那些与自己有亲属关系的人，使一大批贤人不受重用，他们离项羽而去，最终导致了项羽的失败。

故事

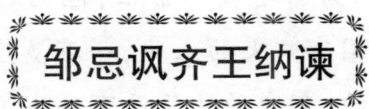

邹忌讽齐王纳谏

　　古代有一个人叫邹忌，身高八尺多，皮肤白皙，五官端正，眼睛大且有神，是一个标准的美男子。
　　一天早晨，他穿戴好衣帽，照着镜子。突然，他想到了城北的徐公，那也是一个有名的美男子，可惜直到现在，都只闻其名，未见其人。他问大老婆说："我与城北徐公相比，谁更漂亮？"大老婆不假思索地说："你漂亮极了，徐公哪能比得上你呢？"

邹忌不相信，他又跑到小老婆那里，问："我与徐公谁更漂亮？"小老婆恭恭敬敬地给他行礼："徐公怎么能比得上您呀？"

邹忌还是不自信。第二天正好有客人来访，邹忌又问客人："我和徐公谁漂亮？"客人说："徐公不如您漂亮。"邹忌这回总算相信了。

又过了一天，徐公亲自来拜访邹忌。邹忌仔细端详徐公，发现自己远不如徐公漂亮。

晚上邹忌躺在床上想这件事，终于明白："大老婆认为我漂亮，是偏爱我；小老婆认为我漂亮，是害怕我；客人认为我漂亮，是要拜托我帮他办事。"

天亮之后，邹忌上朝拜见齐王。他说："大王，我知道我不如徐公漂亮。可是我大老婆因为偏爱我，我小老婆因为害怕我，我的客人因为需要我的帮忙，他们都骗我，说我比徐公漂亮。如今齐国有广大的土地，一百多座城池，宫中的嫔妃没有不偏爱您的，朝中的大臣没有不害怕您的，全国的老百姓没有不需要您的帮助的。他们一定也会因为种种原因骗大王，由此看来，大王您受蒙蔽就很深啦！"

齐王听了，觉得邹忌讲得太有道理了。他立刻下命令："有谁能够当面批评我的，得上等奖赏；谁书面劝谏我的，得中等奖赏；谁在公共场所批评我且让我听到的，得下等奖赏。"

从此，齐王虚心接受大家的批评。一年以后，他成了一个无可挑剔的贤君。

原文

故好而知其恶，恶而知其美者，天下鲜矣。故谚有之曰："人莫知其子之恶，莫知其苗之硕。"此谓身不修，不可以齐其家。

译文

因此，喜爱一个人又看到那个人的缺点，厌恶一个人又看到那个人的优点，天下具有这种修养的人真是太少了。所以有谚语这样说："溺爱孩子的人都不知道自己孩子的缺点，贪心的人都不满足自己庄稼的茂盛。"这就是不修养自身，也不能管理好家族的道理。

启示

这一段讲的是如何认识自己和他人。"人无完人，金无足赤"，我们应当正视每个人身上的优点和缺点，学习他们身上的优秀品德；对于他们的缺点，要反省自己是否也有类似的缺点，如果有的话，要加以改正，这样我们才能不断进步。

知识

谚 语

谚语是民间集体创造、广为流传、言简意赅并较为定性的艺术语句，是民众的丰富智慧和普遍经验的规律性总结。谚语多数反映了劳动人民的生活实践经验，而且一般都是经过口头传下来的。它多是口语形式的通俗易懂的短句或韵语。和谚语相似但又不同的有成语、歇后语、俗语、警语等。

第九章

原 文

suǒ wèi zhì guó bì xiān qí qí jiā zhě
所 谓 治 国 必 先 齐 其 家 者：

其家不可教而能教人者,无之。故君子不出家,而成教于国。

译 文

之所以说治理国家必须先管理好自己的家庭,是因为不能管教好家人而能管教好别人的人,是没有的。所以,有品德的人在家里就受到了治理国家方面的教育。

启 示

君王若想治理国家平定天下,就必须首先管理好自己的家庭。因为如果连数口之家都无法管理好,又怎能治理好一个大国呢?小到一个班级,班干部也要以身作则,管好自己,然后才能管理好整个班级。

原 文

孝者,所以事君也;弟者,所以事长也;慈者,所以使

zhòng yě
众 也。

译文

对父母的孝顺可以用于侍奉君主；对兄长的恭敬可以用于侍奉长官；对子女的慈爱可以用于统治民众。

启示

古人十分注重慈爱之心与孝悌之心，认为它不仅能够和睦家庭，还是治国平天下必备的美德。小朋友们从小就要培养自己的慈爱与孝悌之心，在家孝敬父母，与兄弟姐妹和睦相处，还要将这种美德推而广之，在学校尊敬老师，友善同学，在社会上敬老爱幼，乐于助人。

原文

kāng gào yuē　　rú bǎo chì zǐ
《康诰》曰："如保赤子。"
xīn chéng qiú zhī　suī bù zhōng bù yuǎn yǐ
心诚求之，虽不中不远矣。
wèi yǒu xué yǎng zǐ ér hòu jià zhě yě
未有学养子而后嫁者也。

译文

《康诰》说："爱护人民，要像爱护婴儿一样。"如果内心真诚地爱护人民，即使不能完全合乎心意，达到预期的目标，也不会相差太远了。要知道，从来没有哪一个女人是先学会了教育孩子，再出嫁啊！

启 示

虽然我们常说"世上无难事，只怕有心人"，但世事并非都能如我们所愿。有时我们为一个目标努力奋斗，最后还是因为种种原因未能实现，但这并不意味着我们所有的努力都是徒劳。要知道重在过程，我们的努力奋斗会让我们越来越接近目标，坚持下去，终有达到目标的一天。

原 文

一家仁，一国兴仁；一家让，一国兴让；一人贪戾，一国作乱。其机如此。此谓一言偾事，一人定国。

译 文

国君的一家仁爱，人民就仁爱，仁爱之风就会在这个国家盛行起来；国君的一家礼让，人民就会礼让，礼让之风就会在这个国家盛行；如果国君贪婪暴戾，人民也会学着变得残暴，为非作乱。这里面的联系是如此紧密。所以说，国君的一句话就会坏事，国君一个人的行为就能安定国家。

启 示

　　病从口入，祸从口出，人的一言一行至关重要。一句合于道德的话，一件合于仁义的事，就像一股暖流滋润人们的心。相反，一句失德的话，也能像利剑一样刺伤别人的心。因此，我们从小就要学习优秀品德，培养自己的仁爱礼让之心，用道德来规范我们的言行。

知 识

上行下效

　　从前，晋国流行一种讲排场、摆阔气的坏习气，晋文公便带头用朴实节俭的作风来纠正它，他穿衣服决不穿价格高的丝织品，吃饭也决不吃两种以上的肉。不久之后，晋国人就都穿起粗布衣服，吃起糙米饭来。主要用来说明领导的示范作用非常重要，领导人能够严格要求自己，下面就会跟着学。

原 文

yáo　shùn shuài tiān xià yǐ rén　ér mín
尧、舜 帅 天 下 以 仁，而 民
cóng zhī　jié　zhòu shuài tiān xià yǐ bào　ér
从 之；桀、纣 帅 天 下 以 暴，而

民_{mín} 从_{cóng} 之_{zhī}。其_{qí} 所_{suǒ} 令_{lìng} 反_{fǎn} 其_{qí} 所_{suǒ} 好_{hào}，而_{ér} 民_{mín} 不_{bù} 从_{cóng}。

译文

尧舜用仁爱统治天下，老百姓就跟着他们讲仁爱；桀纣用凶暴统治天下，老百姓也就跟着他们做出凶暴的事情。统治者自己凶暴残忍，而要求老百姓讲仁爱，老百姓是不会服从的。

启示

只有自己以德待人，别人才会反过来以德待我。俗话说，好心有好报，我们友善待人，他人也会友善待我。

故事

舜的故事

相传，舜是古代的贤君，他聪明勇敢，勤劳孝顺，深受人民爱戴。

然而，舜的身世却非常不幸。他的妈妈在舜很小的时候就死了。爸爸是一个盲人，一个人生活很不方便，就讨了第二个老婆。这个老婆又生了一个儿子叫象。舜的这个继母为人很奸诈，她常常和象一块儿欺侮舜，企图杀死舜。而舜的爸爸什么都听继母的，也一起陷害舜。

一次，舜的爸爸叫舜挖一口井。孝顺的舜拿了凿子等工具就去挖井了，谁知他们趁舜在井下挖凿的时候，一起用土把井填上了。他们以为这次舜必死无疑，就开始高高兴兴地瓜分舜的东西：象霸占了舜的琴、屋子和妻子，他的爸爸和继母则抢走了舜的牛羊和粮食。然而，正当象坐在舜的屋中弹琴时，舜却意外地站在他面前了。

原来，聪明的舜在挖井时，就已在井旁开了一个出口，当他的爸爸和继母下毒手时，他便从旁边的出口逃生了。象见舜还活着，吓得面如土色，双手僵在琴弦上，结结巴巴地说："哥——哥，我一直都、都、都很想念你。"舜明知是假，却仍笑着安慰象："弟弟，你别怕，我没事！"舜不仅不恨他的家人，还一如既往地孝敬父母，爱护弟弟。这需要多大的度量啊！

当时的君主尧听说这件事后，对舜很钦佩，就让舜主管百官，接替自己管理天下。

后来，尧帝驾崩，舜为尧守孝三年。三年以后，舜顺天应人，荣登帝位，国号为虞，所以后世也称他为虞舜。

原　文

是故君子有诸己，而后求诸人；无诸己，而后非诸人。所藏乎身不恕，而能喻诸人者，未之有也。故治国在齐其家。

译文

所以，品德高尚的人，总是先使自己有了善行，然后才要求别人讲道德做善事；先使自己没有恶行，然后才要求别人不做坏事。如果自己没有这种推己及人的恕道，而想让别人按自己的意思去做，那是不可能的。所以，要治理国家必须先管理好自己的家族。

启示

明德的君子总是先反省自己是否行得端，走得正，只有当自己心正意诚、遵德行善时，才要求别人也遵德行善。若自己没有善德，却要求别人行善，别人怎么会心服口服呢？所以，我们做任何事，都必须首先管好自己，使自己行为端正，这样才能让别人信服。

原文

《诗》云："桃之夭夭，其叶蓁蓁。之子于归，宜其家人。"

宜其家人，而后可以教国人。
《诗》云："宜兄宜弟。"宜兄宜弟，而后可以教国人。

译文

《诗经》说："桃花是那么鲜嫩美丽，树叶是那么茂盛。这个像花一样美好的姑娘出嫁了，她一定会让全家人都和睦。"只有让全家人都和睦相处，然后才能够让全国的人都和睦相处。《诗经》说："使兄弟互相友爱。"只有使兄弟和睦友爱，然后才能够让全国的人都和睦友爱。

启示

这一段讲的是家和万事兴的道理。齐家是治国平天下的条件，君王只有使自己的家庭父慈、子孝、兄尊、弟恭，才能使全国的百姓和睦幸福地生活。家也是人们的精神港湾，一个和睦的家庭能给我们温暖，让我们始终保持向上奋斗的活力。

原文

《诗》云："其仪不忒，正是

四国。"其为父子兄弟足法，而后民法之也。此谓治国在齐其家。

译文

《诗经》说："他的行为举止没有差错，可以成为各国的表率。"只有当一个人无论是作为父亲、儿子，还是兄长、弟弟都值得人效法时，老百姓才会去效法他。这就是要治理国家必须先管理好家族的道理。

启示

中国有句老话："正人先正己。"君王治理天下，要使百姓仁爱礼让，自己就必须具备这样的道德。小朋友正处在道德启蒙阶段，必须对自己严格要求，读一些古代圣贤的书，这样才能成为别人学习的榜样，今后才能以自身的道德在社会中立身。

知识

国风·周南·桃夭

桃之夭夭，灼灼其华。之子于归，宜其室家。
桃之夭夭，有蕡其实。之子于归，宜其家室。
桃之夭夭，其叶蓁蓁。之子于归，宜其家人。

第十章

原　文

所谓平天下在治其国者：上老老而民兴孝；上长长而民兴弟；上恤孤而民不倍。是以君子有絜矩之道也。

译　文

之所以说平定天下在于治理好自己的国家，是因为国君尊敬老人，老百姓就会效法国君的行为，孝顺自己的父母；国君尊重长辈，老百姓就会学着尊重自己的兄长；国君体恤救济孤儿，老百姓也不会背弃这一美德。所以，品德高尚的人能起到把道德规范由己及人的作用。

大学·中庸

启 示

　　榜样的力量是巨大的。国君作为一国的表率，他的言行对整个国家都有示范意义。因此，国君必须具有道德仁义、仁慈孝悌的美德，人民才会竞相讲求道德仁义，国家才会兴起礼让仁德之风。

原 文

　　所恶于上，毋以使下；所恶于下，毋以事上；所恶于前，毋以先后；所恶于后，毋以从前；所恶于右，毋以交于左；所恶于左，毋以交于右。

译 文

　　如果厌恶上面的人对你的某种行为，就不要用这种行为去对待你下面的人；如果厌恶下面的人对你的某种行为，就不要用这种行为去对待你上面的人；如果厌恶在你前面的人对你的某种行为，就不要用这种行为去对待在你后面的人；如果厌恶在你后面的人对你的某种行为，就不要用这种行为去对待在你前面的人；如果厌恶在你右边的人对你的某种行为，就不要用这种行为去对待在你左边的人；如果厌恶在你左边的人对你的某种行为，就不要用这种行为去对待在你右边的人。

启 示

这段话主要讲述的是孔子所说的"己所不欲，勿施于人"的道理。也就是说，我们不想做的事情，不要强迫别人去做；我们不喜欢的东西，也不要强迫别人喜欢。

原 文

cǐ zhī wèi xié jǔ zhī dào
此之谓絜矩之道。

译 文

这就是叫作把道德规范推己及人之道。

启 示

"己所不欲，勿施于人"，另外，"己所欲之，慎施于人"，这是更进一步的知人之道。如果自己喜欢一件东西，不要强迫别人同样喜欢，因为每个人的爱好不尽相同。我们时时刻刻都要设身处地地为他人着想，尊重他人的意愿。

故事

李离断案

春秋时期,晋国掌管刑罚的最高长官李离,是历史上一位了不起的人物。他做事一向都是细致入微,断案极其认真,所以他经手的案子从无差错。

有一天,李离查阅过去的案卷,竟发现几年前,因为他错信了部下的话,导致决断错误,而误杀了一个无辜的好人。对此,李离感到万分惭愧,他觉得自己犯下了不可饶恕的罪过。于是,他让手下人将自己捆绑起来,送到晋文公那里,请求晋文公将自己处死。

晋文公知道了李离的事,为李离的诚心实意所感动。他劝李离说:"这件案子又不是你直接办理的,是你的部下搞错的,这不是你的罪过。我怎么能怪罪于你呢?"说着,晋文公亲自解开了李离身上的绳子。

可是李离依然长跪不起,他说:"我是掌管刑罚的最高长官,但我从没把自己的权力让给下属,也并没有把自己的俸禄分给下属。现在我有了过错,又怎么可以把责任推给下属呢?这个错案,我应当承担罪责。请大王将我处死吧!"

晋文公心里对李离勇于承担责任的精神十分赞赏,说什么也不答应李离的要求,而是继续劝说李离。李离态度坚决,他不听从晋文公的劝说,趁晋文公不备,猛地从卫士手里夺过宝剑，使出全身的力气朝自己挥去，顿时鲜血迸溅。晋文公来不及阻拦，看着气绝身亡的李离，唏嘘不已。

正人先正己，做事先做人。李离承担责任的勇气是值得敬佩的。他严格要求自己的精神，也为后人反复颂扬。

原文

《诗》云："乐只君子，民之父母。"民之所好好之，民之所恶恶之，此之谓民之父母。

译文

《诗经》说："快乐和悦的国君啊，是老百姓的父母。"老百姓喜欢的他也喜欢，老百姓厌恶的他也厌恶，这样的国君算得上老百姓的父母了。

启示

古人认为："民为贵，社稷次之，君为轻。"明德的君主总是情系百姓，始终把百姓的利益放在首位，像对待自己的父母那样尊敬百姓，像对待自己的子女那样爱护百姓。这样，他才能得到百姓的拥护和爱戴。

大学·中庸

知识

絜矩之道

絜，度量；矩，画直角或方形用的尺子，引申为法度、规则。絜矩：儒家以"絜矩"来象征道德上的规范。絜矩之道是指内心公平中正，做事中庸合德。絜矩之道在古希腊哲学中很普遍，例如："避免做一些别人做了你会责怪的事"、"你不希望发生在自己身上的事，请你不要做"、"别人对你做了会惹你怒的事愤，你也不要对别人做"等。

原文

《诗》云："节彼南山，维石岩岩。赫赫师尹，民具尔瞻。"有国者不可以不慎，辟则为天下僇矣。

译文

《诗经》说:"巍峨的南山啊,岩石耸立。显赫的尹太师啊,百姓都仰望你。"统治国家的人不可不谨慎,稍有偏差,就会被天下人推翻。

启示

一个平民的力量对于一国之君来说,是很渺小的。但全国的百姓团结起来,力量则不可小视。古人把百姓的力量比喻成水,把君王比喻成水中的船,认为"水能载舟,亦能覆舟"。暴君贪婪纵欲,离心离德,百姓势必群起而攻之,这样的例子历史上举不胜举;而明君施行仁爱之德、得到百姓拥戴的例子也屡见不鲜。所以,一国之君一定要修养自身道德,并将这种道德施于百姓。

原文

《诗》云:"殷之未丧师,克配上帝。仪监于殷,峻命不易。"道得众则得国,失众则失国。

译 文

《诗经》说:"殷朝没有丧失民心的时候,还是能够符合上天的要求的。国君应当以殷朝为鉴,守住天命并不是一件容易的事。"这就是说,能够得到民众的拥戴,就能得到国家;失去了民众的拥戴,也就会失去了国家。

启 示

这段话讲的是道德、人民、君主三者之间的关系。君主若修德养性,处处为民着想,就能得到人民的拥戴;若只顾自己声色享受,不顾百姓生活,就会丧失民心,导致失国的下场,就像古文中说的"得道者多助,失道者寡助"。我们只有修养自身道德,不断完善自己,才能得到别人的喜爱,别人才愿意帮助我们,爱护我们。

原 文

是故君子先慎乎德。有德此有人,有人此有土,有土此有财,有财此有用。德者本也,财者末也。外本内末,争

mín shī duó
民施夺。

译文

所以,品德高尚的人首先要谨慎修德。有了道德才会有人民拥护,有人民拥护才能保有国土,有国土才会有财富,有了财富才能派上用场,建设国家。德是根本,财是枝末,假如把道德和财富两者本末倒置的话,那就是和老百姓争夺利益了。

启示

道德是人类最宝贵的财富,也是我们的根本。对国君来说,具备了道德才能获得民心,保有国土,积累财富。对于小朋友来说,具备了道德才能变成一个心灵美善、人见人爱的孩子。

知识

君子爱财,取之有道

孔子说:有钱有地位,这是人人都向往的,但如果不是用"道"的方式得来,君子是不接受的;贫穷低贱,这是人人都厌恶的,但如果不是用"道"的方式摆脱,是摆脱不了的。君子离开仁义,难道还能以恶立名?所以,君子任何时候,哪怕是在吃完一顿饭的短暂时间里也不离开"道",仓促匆忙的时候是这样,颠沛流离的时候也是这样。

大学·中庸

原文

是故财聚则民散,财散则民聚。是故言悖而出者,亦悖而入;货悖而入者,亦悖而出。

译文

所以,君王聚财敛货,民心就会失散;君王把财富分给百姓,民心就会凝聚在一起。所以,你说话不讲道理,人家也会用不讲道理的话来回答你;财富的来路不明不白,总有一天也会不明不白地失去。

启示

这段话讲的是如何在民心与财富中进行取舍。道德是一个人的根本,而民心是一个国家的根本。俗话说"得民心者得天下",因此,应把人民的利益放在首位,把财富分给百姓以凝聚民心。不仅明君如此,历史上也有很多慷慨解囊、救济贫苦的贤人。我们要向他们学习,从小就培养救贫济弱的美德。

故事

将军子发

春秋时，楚国有一个将军叫子发。一次，他带领士兵攻打秦国，军粮都吃光了，只好派使者回楚国，请求楚王送些粮食过来，并叫使者顺便去他家探望一下母亲。

使者回到楚国领了粮食，就去子发的家拜见子发的母亲。子发的母亲见了使者，问道："士兵们现在怎么样？"

使者回答说："士兵们能分吃豆粒充饥。"

母亲又问："那么将军子发怎么样？"

使者回答："将军每天都有好饭好肉吃。"

过了一阵子，子发终于打败了秦国，受到了楚王的封赏。他在百姓的称赞声中兴高采烈地回家，可是，他的母亲却关上大门不让他进去。

子发在门外叩着家门喊："妈妈，是我呀！我是子发！"

屋内的母亲说："你没听说越王讨伐吴国的事吗？有人献给越王一坛美酒，越王派人把酒倒在江里，让士兵一起喝江水。其实江水中并没有酒的美味，但士兵作战的勇气因此增加了五倍。"

子发知道母亲是在指责他，便低头不语。母亲继续说："又有一天，有人送给越王一袋干粮，越王让士兵们一起分着吃，其实每个人只分到了一点点食物，士兵作战的勇气因此而增加了十倍。"

子发听不下去了,他在门外低声说:"妈妈,我知道错了。您别说了!"

母亲继续说:"子发,你身为将军,让士兵吃豆粒,你却吃好饭好肉,这是为什么?你指挥士兵进入生死相争的战场,而自己却享乐,我没有你这样的儿子,不要进我的门!"

子发的眼泪不停地往外流,他跪在门外,一边磕头,一边哭喊:"妈妈,我知道错了。我发誓,我以后一定和士兵们同甘苦、共患难。请您原谅我!"

他的母亲听到这里,知道儿子是真的有悔过之心,这才让他进了家门。

原 文

《康诰》曰:"惟命不于常。"道善则得之,不善则失之矣。《楚书》曰:"楚国无以为宝,惟善以为宝。"舅犯曰:"亡人无以为宝,仁亲以

wéi bǎo
为宝。"

译文

《康诰》说："天命是不会始终如一的。"这就是说，行善便会得到天命，不行善便会失去天命。《楚书》说："楚国没有什么是宝贝，只是把善当作宝贝。"晋文公的舅舅狐偃说："流亡在外的人没有什么宝贝，只是把仁义慈爱当作宝贝。"

启示

道德是一个人安身立命的根本。有道德的善人能为百姓谋福利，振国兴邦，所以国君以此为宝。小朋友们也应当重视仁爱礼让之德，并认真地实践，培养自己的道德品行，今后成为国家的栋梁。

原文

qín shì yuē ruò yǒu yí jiè chén
《秦誓》曰："若有一介臣，
duàn duàn xī wú tā jì qí xīn xiū xiū yān
断断兮无他技，其心休休焉，
qí rú yǒu róng yān
其如有容焉。"

译文

《秦誓》说："如果有这样一位大臣，忠诚老实，虽然没有什么特别的本领，但他心胸宽广，有容人的度量。"

启 示

中国有一句古话叫作"宰相肚里能撑船"。宰相是辅助皇帝处理国家大事的大官，一般都是德才兼备的人才能担任。这句话形容宰相的度量很大，大得都可以在里面划船。我们也应该懂得，度量、气度是衡量一个人是否贤德的标准之一，我们如果想做一个贤德的人的话，就一定要有气度。

知 识

《秦誓》

《秦誓》是秦穆公誓众之辞的简称，是我国国学元典《尚书》中的经典章节。誓，是一种有约束性和有决断意义的语言，此篇也出于史官记录，文辞扼要生动，语意恳切，含有自我警戒之诚意。

原 文

"人之有技，若己有之；人之彦圣，其心好之，不啻若自其口出，寔能容之，以能保

<small>wǒ zǐ sūn lí mín, shàng yì yǒu lì zāi</small>
我子孙黎民，尚亦有利哉！"

译文

"别人有本领，就如同他自己有本领一样；别人德才兼备，他诚心地喜爱人家，不只是在口头上喜爱人家，而是真的能容纳有贤德的人。用这种人来保护我的子孙和百姓，对整个国家来说是有利的啊！"

启示

真正有气度的人，心里想的和自己做的应该是一致的。小朋友们应当真诚待人，以诚为本，做一个表里如一、言行一致的好孩子。

原文

<small>rén zhī yǒu jì, mào jí yǐ wù zhī</small>
"人之有技，媢疾以恶之；
<small>rén zhī yàn shèng, ér wéi zhī bǐ bù tōng shí</small>
人之彦圣，而违之俾不通，寔
<small>bù néng róng, yǐ bù néng bǎo wǒ zǐ sūn lí</small>
不能容，以不能保我子孙黎
<small>mín, yì yuē dài zāi</small>
民，亦曰殆哉！"

译 文

"如果别人有本领,他就妒忌、厌恶人家;别人德才兼备,他便想方设法压制、排挤人家,使人家的才华不能展现。这种人无论如何不能容纳有贤德的人。用这种人来保护我的子孙和百姓,可以说是危险极了!"

启 示

生活中总存在着一些心胸狭窄的人,见别人本事比自己大,就心生妒嫉,不仅不能举贤任能,甚至可能想尽各种办法压制贤人。这种人对国家社会来说百害无益。"近朱者赤,近墨者黑",我们要警惕生活中的小人,选择朋友时,要选择那些心胸宽大、仁爱有德的人。

故 事

王昭君出塞

汉代有个女子叫王昭君,十分漂亮。一次,汉元帝征集天下的美女入宫,昭君就在其中。

汉元帝吩咐画师毛延寿把宫妃的相貌画成图册,他只要看哪张图漂亮,就召见哪个妃子。但这样妃子们的命运就鬼使神差地掌握在毛延寿的手中了。妃子们为了得到汉元帝的宠幸,都贿赂毛延寿,以求把自己画得漂亮一些。毛延寿也趁此大赚一笔。

可昭君家里并不富裕，拿不出那么多钱，而且昭君觉得自己长得很好，用不着这么做。

当昭君进入画室时，毛延寿惊叹道："真是罕见的国色！"昭君笑着说："哪里哪里，过奖了！就这么画吧。"

毛延寿见昭君没有给钱，极不情愿地笑了一下，说："好，那就开始吧。"

毛延寿一边画，一边在心里嘀咕："居然不给钱？那就别怪我不讲情面了。"他在昭君的脸上点了一颗又黑又大的痣。

果然，汉元帝一看到昭君的画像，就厌恶地扔到了一边，说："没想到天底下还有这么丑陋的女子！"美貌的昭君进宫整整五年，都没有得到汉元帝召幸。

后来，北方匈奴请求和大汉和亲。匈奴地处偏远，宫里的女子大都不肯嫁过去，汉元帝也舍不得将美女拱手送人。"究竟让哪个女子去和亲呢？"汉元帝十分为难。这时有人进来报告说："王昭君愿意去。"汉元帝立刻想到了画像上那颗黑痣，厌恶情绪再一次涌上心头，他想："反正王昭君这么丑，我也不喜欢她，而她又自愿嫁出去，这岂不正好？"于是，他立刻下诏书，准王昭君远嫁匈奴。

辞行时，汉元帝第一次见到了昭君。他发现昭君脸上不仅没有痣，而且长得风华绝代，比宫中任何女子都漂亮。汉元帝十分懊悔，可君无戏言啊，他只能眼睁睁地看着这美人离自己而去。

知识

古代对百姓的称谓

我国古代对百姓的称谓,常见的有布衣、黔首、黎民、生民、庶民、黎庶、苍生、黎元、氓等。黎民是最常用的词,与黎民近义的词有黎庶、黎氓、黎苗、黎甿、黎烝、黎首、黎元等,都具有百姓的含义。这些词语长期活跃于古代汉语中,如杜甫名篇《自京赴奉县咏怀五百字》中有诗句:"穷年忧黎元,叹息肠内热。"这里的"黎元"就是指的老百姓。

原 文

唯仁人放流之,迸诸四夷,不与同中国。此谓唯仁人为能爱人,能恶人。

译 文

只有仁德之人能把这种小人流放到边远的四夷之地去,不让他们和有贤德的人一起住在中原。这就是说只有有德的人才能热爱贤德的人,痛恨那些坏人。

启 示

近朱者赤，近墨者黑，这句话形容环境对人的影响。比喻接近好人可以使人变好，接近坏人可以使人变坏。指客观环境对人有很大影响。朱和赤可以释义为红色的东西；而墨和黑即是说黑色的东西。红与黑相对，红可以理解为红是正义的，好的。黑则相对是邪恶的或不好的。不管你跟着其中任意一方的人，都会被其拥有的品行所感染。换句话说就是跟好人学好，跟坏人学坏。

故 事

娄师德与狄仁杰

娄师德是唐朝武则天时期的名将，他在边疆镇守四十多年，始终兢兢业业，不敢有丝毫的懈怠，当地人民的生活因此十分安定。武则天看他才兼文武，便提拔他为宰相。娄师德宽以待人，从未对他人利用权力挟嫌报复，而且勤于政事，常常推举一些贤人入朝做大官，从不计较个人得失。下面就给大家讲讲娄师德推举狄仁杰的故事吧。

娄师德还是将军的时候，狄仁杰是他的部下。他发现狄仁杰是个人才，便把他推荐给了武则天，狄仁杰因此平步青云，官至宰相。

但是狄仁杰完全不知道娄师德为他做的这些事，反而心里很轻视娄师德，认为他不过是个普通武将，没什么学问。有好几次，武则天要召娄师德回到朝廷，都被狄仁杰阻止了，而且狄仁杰还处心积虑地想排挤娄师德到更边远的地方去打仗。

武则天有一次故意问狄仁杰："你觉得娄师德这人怎么样？才德出众吗？"

狄仁杰说："我知道他作为将军能够小心地守卫边境，至于才德，我就不知道了。"

武则天又问："你觉得娄师德善于发现人才吗？"

狄仁杰回答说道："我曾经跟他一起共事，没听说过他能发现人才。"

武则天这才说道："可是我能了解你并加以任用，就是娄师德推荐的啊。这难道不算善于发现人才吗？"

狄仁杰没想到情况会是这样，半天说不出话来。后来他惭愧地感叹说："娄公道德高尚，虚怀若谷，我被他包容这么长时间都不知道。我的眼光实在太狭隘了，连他的边际都望不到呀！"

原 文

见贤而不能举，举而不能先，命也；见不善而不能退，

tuì ér bù néng yuǎn　guò yě
退而不能远，过也。

译文

发现贤才而不能提拔，选拔了而不能尽早地重用，这就是怠慢贤才；发现恶人而不能罢免，罢免了而不能把他驱逐得远远的，这就是过错。

启示

贤人有仁德之心，能给社会带来美好；小人道德沦丧，对国家社会有害无益。所以历代明君总是一方面放逐小人，一方面到处求访贤人，如刘备为了拜访诸葛亮曾三顾茅庐。小朋友们也应当明辨是非，与品德高尚的人做朋友。

原文

hào rén zhī suǒ wù　wù rén zhī suǒ hào
好人之所恶，恶人之所好，
shì wèi fú rén zhī xìng　zāi bì dǎi fú shēn
是谓拂人之性，灾必逮夫身。
shì gù jūn zǐ yǒu dà dào　bì zhōng xìn yǐ
是故君子有大道，必忠信以
dé zhī　jiāo tài yǐ shī zhī
得之，骄泰以失之。

译 文

喜欢众人所厌恶的,厌恶众人所喜欢的,这是违背人的本性的,灾难必定要落到他的身上。所以,君主治国有一个正确的法则,那就是一定用忠诚信义来获得民众的拥戴,如果骄奢放纵的话,一定会失去民心。

启 示

忠诚信义不仅是国君要遵循的法则,也是我们每一个人要遵循的法则。"狼来了"的故事大家一定都听过吧,如果一个人常常说谎,以后就再也没有人会相信他,就是他说了真话,人们也不会相信他的。所以,我们要真诚地对待别人,别人才会相信我们,和我们做朋友。

故 事

曾子杀猪

春秋时期有个叫曾子的人,他是孔子的弟子,受孔子的教导,不但学问高,而且为人非常诚实,从不欺骗别人,对于自己的孩子也是说到做到。

一天,曾子的妻子要去赶集,孩子哭着叫着要和妈妈一块儿去。母亲骗他说:"乖孩子,待在家里等娘,娘回来给你杀猪吃。"孩子信以为真,一边欢天喜地地跑回家,一边喊着:"有肉吃了,有肉吃了。"

孩子一整天都靠在墙根下，一边晒太阳一边想着红烧肉的味道,村子里的小伙伴来找他玩,他都拒绝了。傍晚,孩子远远地看见妈妈回来了,他三步并作两步地跑上前,喊着:"娘,娘快杀猪,快杀猪,我都快要饿死了。"

妈妈说:"一头猪顶咱家两三个月的口粮呢,怎么能随随便便就杀猪呢?"

孩子失望了,"哇"的一声哭了起来。

曾子闻声而来,他知道了事情的原委以后,二话没说,转身回到屋子里。过一会儿,他举着菜刀出来,径直奔向猪圈。妻子不解地问:"你举着刀跑到猪圈里干啥?"

曾子毫不思索地回答:"杀猪。"

妻子听了,"扑哧"一声笑了:"不过年不过节,杀什么猪呢?"

曾子严肃地说:"你既然答应过要杀猪给儿子吃,就应该做到。"

妻子说:"和小孩子说话何必当真呢?"

曾子说:"对孩子就更应该说到做到,不然,这不是明摆着让孩子学着家长撒谎吗?大人说话不算话,以后有什么资格教育孩子呢?"

妻子听后惭愧地低下了头。后来他们真的杀了猪给孩子吃,并且宴请了乡亲们,告诉乡亲们教育孩子要以身作则。

原文

生财有大道：生之者众，食之者寡，为之者疾，用之者舒，则财恒足矣。仁者以财发身，不仁者以身发财。

译文

创造财富有正确的途径：生产的人多，消费的人少，生产的人勤奋，消费的人节省。这样，财富便会经常充足。仁爱的人仗义疏财，以修养自身的德行，没有仁德的人不顾损坏自己的品德来聚敛财富。

启示

仁德之君心系人民，处处以百姓利益为重，把钱财分给百姓，使百姓富足，国家兴旺。没有仁德的君王心中充满了私欲杂念，以横征暴敛满足自己的私欲，导致民心涣散，最终走上灭亡之路。钱财是身外之物，它不是万能的，仁爱礼让的道德品行，才是值得我们追求的东西。

知识

举贤任能

有一天,文王问太公说:"应该怎样举贤呢?"太公回答说:"将相分工,根据各级官吏应具备的条件选拔贤能,根据官吏的职责考核其工作实绩。选拔各类人才。考查其能力强弱,使其德才与官位相称、官位同德才相称。这样就掌握了举贤的原则和方法了。

故 事

张良卖剪刀

张良想必大家都不陌生吧?他是汉高祖刘邦著名的谋士,为人足智多谋。汉高祖在他的帮助下夺得了天下,建立了汉朝。但是,大家可能不知道,张良在做汉高祖谋士之前,还卖过剪刀呢!

相传张良以前是一个铁匠,他打的剪刀质量非常好,靠卖剪刀赚的钱来维持生计。

后来,张良拜了黄石公做老师,黄石公交给张良一本兵书,让他回去好好研读。勤奋的张良白天卖剪刀,晚上回来读书。没过多久,他就发现这样每天只能读一点点书,进度太慢了，照这样下去，要把老师给的整本书读完，不知要到猴年马月呢！可是白天要是不卖剪刀的话，就赚不到钱生活了呀！张良为此苦恼了好久，就是找不到解决办法。

　　一天，张良在摆摊卖剪刀的时候，发现好多人拿起自己的剪刀和别人的剪刀比来比去，之后又放下了。"这是怎么回事？他们怎么都不买我的剪刀呢？"张良心里十分纳闷。

　　这时，又来了一个顾客，他和前面的人一样，拿着张良的剪刀看了好久，还是放下没买。张良赶忙叫住他问道："请您慢走！我想问一下为什么您不买我的剪刀呀？"那人拱手答道："店家，你家的剪刀价钱实在太贵啦。"

　　张良恍然大悟。"怪不得呢！这么高的价格等于是把穷人拦在门外了呀！"他马上把剪刀的价格分了高、中、低三档。他看富人来买剪刀，便介绍高价剪刀的好处；看穷人来买剪刀，就卖最便宜的剪刀；对一般人就卖中等价格的剪刀。

　　改了以后，他的剪刀很快就卖光了。他既卖出了剪刀，又照顾了穷人，令人很欣佩，所以后来人们都传颂"张良卖剪刀，贵贱一种货"。张良把节省的时间都用来读书，最终成为一个有才能的人。

原　文

未有上好仁，而下不好义者也；未有好义，其事不终者

yě　　wèi yǒu fǔ kù cái　　fēi qí cái zhě yě
也；未有府库财，非其财者也。

译文

没有君王喜爱仁德，而大臣、百姓却不喜爱仁德的；没有喜爱忠义，而做事却半途而废的；没有国库里的财物，不是属于君王的。

启示

君王以仁德之心对待百姓，百姓也会以仁德之心对待君王。古诗中有一名句："投我以木瓜，报之以琼琚。"人和人之间的关系是相互的，我们若尊敬别人，别人会同样尊敬我们；我们若轻视别人，别人也会小瞧我们。所以，小朋友们应当时时处处以礼待人，别人才会以同样的礼貌来对待我们。

原文

mèng xiàn zǐ yuē　　xù mǎ shèng　bù chá
孟献子曰："畜马乘，不察
yú jī tún　fá bīng zhī jiā　bú xù niú
于鸡豚；伐冰之家，不畜牛
yáng　bǎi shèng zhī jiā　bú xù jù liǎn zhī
羊；百乘之家，不畜聚敛之
chén　yǔ qí yǒu jù liǎn zhī chén　nìng yǒu
臣。与其有聚敛之臣，宁有

dào chén
盗臣。"

译文

孟献子说:"养了四匹马拉车的士大夫之家,就不需再去养鸡养猪了;祭祀时用冰保存遗体的卿大夫家,就不要再去养牛养羊了;拥有一百辆车的诸侯之家,就不要去收养那些只顾搜刮民财的家臣了。与其有搜刮民财的家臣,还不如有偷盗东西的家臣。"

启示

家臣抢了老百姓的钱财,老百姓没钱生活下去,就不会再拥护你了。

原文

cǐ wèi guó bù yǐ lì wéi lì　yǐ yì wéi lì yě
此谓国不以利为利,以义为利也。

译文

这就是说,一个国家不应该以财货为利益,而应该以仁义为宗旨。

启示

这段话是要教育我们重义轻利。有一句话叫做"君子喻于义,小人喻于利"。君子做事,看重的是仁义道德,只要合乎道义,他们就会义不容辞;小人做事,看重的是利益财富,只要有利可图，他们就会不择手段地去做。小朋友们应当像君子那样，重义轻利。

原文

长国家而务财用者，必自小人矣。彼为善之，小人之使为国家，灾害并至，虽有善者，亦无如之何矣。此谓国不以利为利，以义为利也。

译文

做了国君却还一心想着聚敛财货，这必然是有小人在诱导。而那君王还以为这些小人是好人，让他们去处理国家大事，结果是天灾人祸一齐降临。这时即使有贤能的人，也没有办法挽救了。所以，一个国家不应该以财货为利益，而应该以仁义为宗旨。

启示

小人总是善于伪装自己。君王若不能明辨是非，就会轻信他们，对国家社会造成巨大的损害。小朋友们若不能分辨身边的小人，也可能会造成交友不慎。如何才能揭下小人的伪装，让自己免受小人的伤害呢？唯一的办法就是修养自身道德，始终坚持把仁义放在第一位。

故　事

伍子胥

从前有个叫伍子胥的人，在吴国做相国，他一心一意辅佐吴王治理国家，为老百姓做了很多好事，百姓都很爱戴他。

有一年，吴国和越国打仗。吴王在伍子胥的帮助下大获全胜，还活捉了越王。伍子胥请求吴王杀了越王，以绝后患。但是当时吴王被胜利冲昏了头脑，并没有采取伍子胥的建议，而只是让越王住在坟墓旁边的石屋里，把他当奴隶使唤。吴王每次出差，就让越王拉马。越王表面上对吴王百依百顺，实际上每天都在计划着报仇。

一次，吴王生病了，需要有人尝一下吴王的粪便，通过粪便的味道来判断吴王的病情。正当吴王在选择让谁来品尝的时候，越王出现了。他说："让我来吧。我对大王一向忠心耿耿，请大王相信我！"说完，他就当着百官大臣的面尝起吴王的粪便来。吴王躺在床上，心里十分感动，他暗自思忖道："看来越王对我真的没有二心，我应该相信他。"

在一旁的伍子胥早就看出了越王的心思。等越王走后，他对吴王说："请大王杀越王！越王不是一个省油的灯，他以后一定会报仇的。"可吴王心里已经完全相信了越王,哪里还听得进去伍子胥的话呢?

伍子胥看吴王有心要放越王,心里十分着急。他反反复复地对吴王说:"大王,我们现在放越王回去就等于放虎归山啊!等越王来报仇的时候,我们吴国就完了!我这都是为了大王,为了吴国考虑啊!"

可是,伍子胥越是这样说,吴王越是反感。他生气地对伍子胥说:"你口口声声说为我考虑,对本王如何忠心耿耿,那你能像越王一样尝我的粪便吗?"

伍子胥听了这句话,气得一句话也说不出来。

后来,越王果然卷土重来,杀了吴王,灭了吴国。

中庸

第一章

原文

天命之谓性,率性之谓道,修道之谓教。

译文

上天赋予人的品德叫做本性,顺着本性去做事叫做道,人们培养并遵守道叫做教化。

启示

在远古时候的殷周,已经有"天命"的说法,当时的统治者们自称"授命于天",把自己的想法说成是上天的旨意和命令。我国儒家学派保留有"天命"的思想,例如儒家学派创始人孔子就曾说"畏天命""五十而知天命"。"天命"一直是儒家学说的重要内容。

知 识

天命

在我国古代的哲学中,把天当作神,天能致命于人,决定人类命数。"天命"的说法早在殷周时期已经流行。从古器物发掘中所见到的甲骨卜辞,彝器铭文,就说明了当时统治者自称"受命于天",把自己的意志假托为上帝的命令,称之为"天命",用来作为对人民进行统治的合理依据。

原 文

道也者,不可须臾离也,可离,非道也。是故君子戒慎乎其所不睹,恐惧乎其所不闻。莫见乎隐,莫显乎微,故君子慎其独也。

译 文

　　这个道,是时时刻刻不能离开的啊,如果可以离开,那就不叫道了。正因为如此,君子在大家看不到的地方也谨慎检点,在大家听不到的地方也常惶恐畏惧。没有什么比隐蔽的东西更易于表现出来的了,没有什么比细微的东西更易于显露出来的了,所以君子一个人的时候也小心谨慎,遵守道德规范。

启 示

　　道德是心中的事情,不是装装样子做给别人看的。所以,如果在别人不知道的情况下忽视对自己心灵和行为的约束,就会逐渐滋长出大毛病来。"慎独"强调的是,心中必须具有某种信念,这样才能在别人看不见、听不到的情况下,说话做事也符合道德规范的要求,这可是一种非常崇高的境界。小朋友们从小就要培养自己"慎独"的精神哦。

故 事

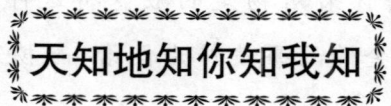

天知地知你知我知

　　汉朝的时候有个大清官叫杨震。杨震在荆州做官的时候,发现一个叫王密的人才华出众,便向朝廷推荐他做昌邑县县令。后来杨震调任东莱做官,经过昌邑县,王密亲自到郊外迎接杨震。晚上,王密前去拜会杨震,两人聊得非常高兴，不知不觉已是深夜。王密起身走到门外，四处看了看，然后回来将房门关上，从怀中掏出一个口袋放在桌上，低声说："您难得光临，我准备了一点小礼物报答您，希望您能收下。如果不是您当初推荐了我，我哪有今天呢？为这，我感激您一辈子啊！"杨震看了看口袋，发现里面装的是黄金，惊讶地对王密说："不可以，不可以！'清白'可是我的座右铭啊。我推荐你，是希望你做一个廉洁奉公的好官，你对我最好的回报是为国效力，为百姓造福，而不是送给我个人什么东西。"

王密坚持说："不会有人知道这件事的，更不会有损您的名声，请收下吧。"这下杨震真的生气了，他拉下脸说："你这是什么话！人的名誉要自觉维护！要想人不知，除非己莫为。你送金子给我，天知、地知、你知、我知，已经有'四知'了啊！你怎么能说没人知道呢？"王密顿时满脸通红，连连认错。

后来，王密怀着对杨震的敬意将这件事情说出来，所以，杨震拒收礼金的故事被传为佳话，而杨震也被后世称为"四知先生"。

这个小故事告诉我们：不要因为没人看见或没人知道就干坏事，要做个表里如一的人。

原文

喜、怒、哀、乐之未发，谓之中；发而皆中节，谓之和。中也者，天下之大本也；和也者，天下之达道也。致中和，天地位焉，万物育焉。

译文

喜欢、愤怒、悲哀、快乐等各种情感没有向外表露的时候，叫做"中"；表现出来并且合乎法度，叫做"和"。"中"是天下的根本所在；"和"是最普遍通行的准则。达到"中和"的境界，天地就秩序井然了，万物就生长发育了。

启示

喜怒哀乐，是人人都有的感情，当这些感情迸发出来，如果不符合常理，那人的心灵就不和谐、不安宁。就好像音乐一样，如果曲调不和谐，就属于噪音污染。

> **知识**
>
> ### 古代表示时间快速、短暂的词语
>
> "立、即"意思是"立即",副词。
>
> "俄、俄而、俄顷、少顷、少时、少间、须臾、斯须"意思是"一会儿"副词。
>
> "食顷"意思是"一顿饭工夫"。
>
> "旋、寻、未几、无何、既而、已而"意思是"随即"、"不久",副词。

第二章

原 文

仲尼曰:"君子中庸,小人反中庸。君子之中庸也,君子而时中;小人之反中庸也,小人而无忌惮也。"

译 文

孔子说:"君子说话做事符合中庸的道理,小人说话做事违背中庸的准则。君子的言行符合中庸的道理,是因为他们每时每刻都遵守中庸的要求;小人的言行违背中庸的准则,是因为他们没有什么顾忌和害怕的。"

启 示

孔子所说的"中",以我国远古时候周代的礼仪为标准。孔子认为对于周礼,要做到既不过分也没有不足。"庸"就是"平常"的意思。可是,现代社会的人们对中庸的理解出现了误差,认为中庸就是平庸、保守、妥协、不求上进的意思,这实际上是对中庸的误解。小朋友,你对"中庸"的理解,对不对呀?

故 事

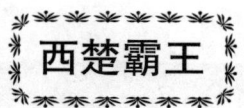

西楚霸王

秦朝末年,天下大乱,陈胜、吴广举起反秦大旗以后,人们纷纷起兵响应,其中有个叫做项羽的人。项羽起兵反秦的时候,年仅24岁,因为作战有勇有谋,所以很快做了军队的统帅。

项羽攻入咸阳城,大开杀戒,放火烧秦朝的宫殿,大火烧了整整三个月都没熄灭。当时有人劝他说:"关中地区有山河阻塞四方，而且土地肥沃，您可以在这里建立都城，肯定能称霸天下。"但是，项羽看见秦朝宫室已经被大火烧得一片狼藉了，再加上他又思念家乡想回去，就说："富贵了而不回故乡，就像穿了好看的衣服而在黑夜中行走，别人怎么知道呢？"

项羽拒绝了他人正确的建议。他回乡的选择等于是在帮助刘邦取得胜利，丢了做皇帝的机会。项羽该做的事不做，不该做的事情偏偏做得过头，所以失败了。

在和刘邦的斗争中，这个在历史上被称为"西楚霸王"的项羽最终失败，并在乌江岸边自杀。

第三章

原文

子曰："中庸其至矣乎！民鲜能久矣。"

译文

孔子说："中庸应该是最高的道德吧！可惜人们却很少能够

长久地实行它了。"

启 示

做事情适可而止，本来一点也不困难，因为人的心里有一个尺度，知道什么该做，什么不该做。但是，为什么在实际生活中，要做到适可而止又那么不容易呢？因为，人往往会被外界的某些东西所诱惑，从而迷失本性，以至于做事情的时候不能适当。如果我们能坚守自己心中的道德，不被花花世界所迷惑，做事情的时候要做到适可而止，就很容易的了。小朋友们长大以后，人生会面临很多选择，只有坚守自己心中的信念，将来才不会后悔。

知 识

中庸

中庸是儒家的道德标准，中庸重点在中、庸二字，中位于中间，不离两边，不走极端。待人接物不偏不倚，调和折中。因时制宜、因物制宜、因事制宜、因地制宜，儒家的理论根源源于人性。出自《论语·雍也》："中庸之为德也，其至矣乎。"

第四章

原 文

子曰:"道之不行也,我知之矣,知者过之,愚者不及也。道之不明也,我知之矣,贤者过之,不肖者不及也。人莫不饮食也,鲜能知味也。"

译 文

孔子说:"中庸的道理不能实行,我知道原因了,这就是聪明的人做得过了头,而愚蠢的人又到不了它的要求。中庸的道理不能盛行,我知道原因了,这就是贤能的人做得太过分,不贤的人又达不到它的要求。就像人,没有不吃不喝的,但真正能够辨别出其中滋味的人却很少。"

启 示

　　吃饭是每天都有的事情,再普通不过了,以至于我们有些小朋友会经常觉得饭菜不好吃,其实都是很有滋味的,你要用心体会才行。就好像对于中庸的道理,大多数的人都不能领悟、不能做到。只有用心体会,才能达到中庸的要求。

第五章

原　文

子曰:"道其不行矣夫!"

译　文

　　孔子说:"中庸的道理,恐怕不能在世上实行了啊!"

启　示

　　前面一章说了中庸无法弘扬的原因,就像日常的吃饭喝水一样,很多人不能理解其中的滋味和道理。在此基础上,孔子又深深感叹中庸无法实行了。孔子很难过、很伤心,我们不难想象千年前的孔子说这句话的时候是什么神情。而对于他内心的悲哀,即使小朋友们现在不能理解,等长大后,也肯定会有感触。

知识

古代的饮食习惯

我国的饮食文化历史悠久,在汉代以前,人们基本上都是一日两餐,第一顿被称为"朝食",在上午9点左右,是一天中的正餐。第二顿是"晡食",在下午4点左右,吃的是早上剩下的食物,不是正餐。汉代以后,王室和达官贵人们开始变为一日三餐,有时候帝王会一日四餐或多餐。

第六章

原 文

子曰:"舜其大知也与!舜好问而好察迩言,隐恶而扬善,执其两端,用其中于

　　　　mín 　　qí　　sī　 yǐ　 wéi　shùn　hū
　　　民。其斯以为舜乎！"

译文

　　孔子说："舜大概算得上是有大智慧的人了！他喜欢向别人请教，又善于分析别人浅显话语里的含义。他隐藏人家不合理的话，宣扬人家合理的话。他能把握事物好坏的两个极端，采用恰当的道理去施行在老百姓身上。这就是舜之所以能成为舜的原因吧！"

启示

　　古代贤明的君主之所以得到百姓的拥戴，在于他们采取中庸的态度来治理国家、安抚百姓。他们处理事情的时候，并不是谁的话都听，也不是谁的话都不听，而是在许多方案的基础上，折中调和出一个好方案。

故事

晏子谏齐景公施仁政

　　有一次，齐景公探视小鸟，看到小鸟很弱，就回来了。
　　晏子听到这件事，不等景公召请就入宫，看到景公担心得都出汗了。晏子就问："国君为何如此啊？"景公说："我去看小鸟，小鸟十分瘦弱，所以我就回来了。"晏子在殿北徘徊了一阵子,就再拜而祝贺道:"我们的国君具备圣王之道了。"景公不解地问:"寡人只是去看小鸟,小鸟太弱,就回来了。这就符合圣王之道,是什么原因呢?"晏子回答:"国君去看小鸟,小鸟弱,所以国君回来了,这就是爱护弱者啊!我们的国君仁爱禽兽尚且如此,何况是对人呢?这就是圣人之道。"

第七章

原　文

子曰:"人皆曰予知,驱而纳诸罟、擭、陷、阱之中,而莫之知辟也。人皆曰予知,择乎中庸,而不能期月守也。"

译 文

孔子说:"人人都说自己聪明,可是假如被驱赶到罗网陷阱中去,却又不知道躲避。人人都说自己聪明,可是选择了中庸的道理后,却连一个月的时间也不能坚持。"

启 示

人们不能避开灾祸,是因为不懂得中庸的道理。事实上,陷阱是完全可以避免的,中庸也是可以长期坚持的。这些人们都明白,关键还是看怎么做。

第八章

原 文

子曰:"回之为人也,择乎中庸,得一善,则拳拳服膺,而弗失之矣。"

译 文

孔子说:"颜回为人处世,选择了中庸之道,得到了它的好处,就牢牢地把它放在心上,再不把它丢失了。"

启 示

上一章中,提到了一些坚守中庸之道不足一个月的人,他们受到了孔子的批评;而在这一章里,我们看见了能长期坚守中庸之道的颜回。孔子赞扬聪明的颜回,实际上是希望我们大家都向颜回学习,认真领悟中庸的道理,牢牢记在心上。小朋友们,从这一刻起,就开始向颜回学习吧!

故 事

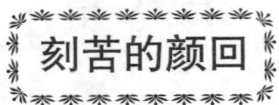

刻苦的颜回

颜回,是孔子最得意的学生。他衣衫简陋,面黄肌瘦,额头却出奇地高,两只眼睛又深深地凹进去,炯炯有神,显得机智、聪慧。孔子渐渐发现,在众多弟子中,读书最用功的是颜回。

放学了,弟子们都回家吃饭,颜回总是最后一个走,饭后又第一个来到学堂,然后就捧着书诵读。时间长了,孔子就觉得奇怪了,颜回回家吃饭为什么这么快?有一天,孔子派人偷偷跟随颜回,打算看个究竟。

原来，颜回家住在贫民区。平时，颜回的父亲在城外种地，不回家吃饭；颜回的母亲在外给人帮工，也不回家吃饭。这样，妈妈每天上工前给儿子做一竹筒饭、一锅菜汤。颜回回到家也不管凉热，拿起竹筒做成的饭碗，和着菜汤就津津有味地吃起来；有时吃不饱，他就跑到井边，用水瓢舀几瓢水喝，然后拍拍胀起的肚皮，乐滋滋地拿上书包，往学堂跑去。

孔子派人观察了几天，天天如此。于是孔子说："颜回真贤德呀！吃得很差，住在陋巷，人人都愁闷，他却乐在其中。颜回真贤德呀！"

知 识

子曰

"子曰"最早出自《论语》。"子"是人称代词，是我国古代对人的一种尊称和敬称，"曰"就是"说"的意思。春秋之时，百家争鸣，诸子层出不穷，数量众多。诸子之书，无论自著，还是弟子记述，都是"某子曰"。

第九章

原文

子曰:"天下国家可均也,爵禄可辞也,白刃可蹈也,中庸不可能也。"

译文

孔子说:"天下国家可以治理平定,官爵俸禄可以推辞不要,雪白锋利的刀刃也可以踩上去,而中庸的道理却不容易做到啊。"

启示

孔子举了三个例子:治理国家、放弃俸禄、脚踩白刃,都是很难做到的事情,但有人还是做到了。中庸,看起来比这三件事情要容易,但真正做起来却难得多。孔子把中庸的道理说得这么难,是想引起人们的高度重视,希望人们极力提倡中庸、认真实行中庸。

第十章

原　文

子路问强。子曰："南方之强与？北方之强与？抑而强与？宽柔以教，不报无道，南方之强也，君子居之。衽金革，死而不厌，北方之强也，而强者居之。"

译　文

子路问什么是坚强。孔子说："你问的是南方的坚强呢？还是北方的坚强呢？或者是你自己认为的坚强呢？用宽容柔和的精神去教育人，人家对我蛮横无礼也不报复，这是南方的坚强，品德高尚的人具有这种坚强。用兵器铠甲当枕席，死了也不后悔，这是北方的坚强，勇武好斗的人具有这种坚强。"

启 示

孔子实在是高明，用宽容和柔和的方法去教育别人，用理性的方法去处理别人的无理行为，此强者所为也。

原 文

"故君子和而不流，强哉矫！中立而不倚，强哉矫！国有道，不变塞焉，强哉矫！国无道，至死不变，强哉矫！"

译 文

"所以，品德高尚的人和顺而不随波逐流，这才是真正的坚强啊！保持中立，不偏不倚，这才是真正的坚强啊！国家政治清明时，不改变自己穷困潦倒时的政治志向，这才是真正的坚强啊！国家政治黑暗时，至死不改变自己平生的道德节操，这才是真正的坚强啊！"

大学·中庸

启　示

　　孔子在这一章里为自己的学生子路分析了什么是强。孔子认为做到四点就算是强了：待人和气而不迁就别人；保持中立而不偏不倚；国家政治清明时不改变自己穷困时的志向；国家政治黑暗时至死不改变自己的节操。小朋友们现在可能对这四点还不能理解，但是不要紧，只要我们记在心中，长大后终会明白这四句话的真正含义。

知　识

洁身自好

　　一天，屈原来到湘江边。一个渔夫见到他后惊讶地问："你不就是屈大夫吗？为何落到这般地步？"屈原叹息道："整个世道都像这泛滥的江水一样浑浊，而我却像山泉一样清澈见底。"渔夫故意说："世道浑浊，你为什么不搅动泥沙，推波助澜？何苦洁身自好，遭此下场。"屈原说："我听说一个人洗头后戴帽，先要弹去帽上的灰尘；洗澡后穿衣，先要抖直衣服。我怎么能使自己洁净的身躯被脏物污染呢。"渔夫听这番话后，对屈原正直和高尚的品格十分敬佩，于是唱着歌，划着船离开了。

第十一章

原文

子曰："素隐行怪，后世有述焉，吾弗为之矣。君子遵道而行，半途而废，吾弗能已矣。君子依乎中庸，遁世不见知而不悔，唯圣者能之。"

译文

孔子说："有些人，专找歪理，做些怪诞的事情来欺世盗名，后代也许还会有人来记述他，为他立传，但我是绝不会这样做的。君子按照中庸之道去做事，有的却半途而废，不能坚持下去，但我是绝不会停止的。君子依照中庸的道理去做事，即使隐居起来不被人知道，也绝对不后悔，这只有圣人才能做得到。"

启示

孔子教育我们,不要做欺世盗名或半途而废的小人,要做无怨无悔一生追求中庸之道的君子。对于中庸之道的追求,是不分时间、不分地点的。小朋友们从现在起就应该养成好习惯哦!

第十二章

原文

君子之道费而隐。夫妇之愚,可以与知焉,及其至也,虽圣人亦有所不知焉。夫妇之不肖,可以能行焉,及其至也,虽圣人亦有所不能焉。

译 文

君子的道广大而又精微。普通男女虽然愚昧，也可以知道君子的道，但道的最高深境界，即使是圣人也有弄不清楚的地方。普通男女虽然不贤明，也可以实行君子的道，但道的最高深境界，即使是圣人也有做不到的地方。

启 示

到底什么是道呢？道是广阔的还是微小的呢？老百姓似乎对道的初步内容了解一些，可是它的高深境界，却连圣人也很难把握。看来，道，既浅显通俗又高深莫测哦。小朋友们是不是有点被弄糊涂了啊？不要紧，只要你明白，道就在我们身边，这就足够了。

原 文

tiān dì zhī dà yě，rén yóu yǒu suǒ hàn。
天 地 之 大 也，人 犹 有 所 憾。
gù jūn zǐ yǔ dà，tiān xià mò néng zài yān；
故 君 子 语 大，天 下 莫 能 载 焉；
yǔ xiǎo，tiān xià mò néng pò yān。《shī》
语 小，天 下 莫 能 破 焉。《诗》
yún："yuān fēi lì tiān，yú yuè yú yuān。"
云："鸢 飞 戾 天，鱼 跃 于 渊。"
yán qí shàng xià chá yě。jūn zǐ zhī dào，zào
言 其 上 下 察 也。君 子 之 道，造

duān hū fū fù　jí qí zhì yě，chá hū tiān dì
端乎夫妇，及其至也，察乎天地。

译文

　　天地是那么广大，但人们仍有不满足的地方。所以，君子说，道很大，天下没有什么东西可以承载得了；君子说，道很小，天下没有什么人可以剖析得了。《诗经》说："鹰在天上飞翔，鱼在水中跳跃。"这是说君子的道，从天上到地下都可以洞察贯彻。君子的道，开始于普通男女的浅显知识，到了它的最高深的境界，就可以天上地下发扬光大了。

启示

　　中庸之道的形式是多种多样的，存在于任何时间、任何地点。无论你是普通人，还是圣人君子，都可以去追求你心中的中庸之道。

知　识

《诗经·大雅·文王之什·旱麓》

鸢飞戾天，鱼跃于渊。
岂弟君子，遐不作人。"

第十三章

原　文

子曰："道不远人。人之为道而远人，不可以为道。《诗》云：'伐柯伐柯，其则不远。'执柯以伐柯，睨而视之，犹以为远。故君子以人治人，改而止。"

译　文

　　孔子说："道不会远远地离开人。有人修道故作高深，使中庸之道渐渐与大家远离，那就不能称作修中庸之道了。《诗经》上说：'砍树做斧把啊，砍树做斧把，斧把的样子手中拿。'拿着斧子去砍树做斧把，准备照着旧斧把的样子做新斧把，但是斜着眼睛看上去，斧把的样子好像还是离得很远。所以，君子利用人道来治理人，别人如果有过错，改正了也就可以了。

启 示

　　这里告诉小朋友们一个道理：生活中，你的同学做了错事惹你不高兴，那么只要同学真诚地向你道歉了，就要原谅同学哦。

原 文

　　zhōng shù wéi dào bù yuǎn，shī zhū jǐ
　　忠　恕　违　道　不　远，施　诸　己
ér bú yuàn，yì wù shī yú rén
而　不　愿，亦　勿　施　于　人。

译 文

　　能够做到忠和恕，那就离中庸之道不远了。凡是不愿意加在自己身上的东西，由此推想到别人，也就不能强加在别人身上。

启 示

　　孔子认为君子做事应该符合人道，而人道的原则之一就是"忠恕"，我们经常说的"己所不欲，勿施于人"也就是这个意思。这两个字说起来容易，做起来难。小朋友，想想看你在日常生活中做到"忠恕"了吗？

原文

"君子之道四，丘未能一焉。所求乎子以事父，未能也；所求乎臣以事君，未能也；所求乎弟以事兄，未能也；所求乎朋友先施之，未能也。庸德之行，庸言之谨，有所不足，不敢不勉，有余不敢尽。言顾行，行顾言，君子胡不慥慥尔！"

译文

"君子要遵循的道有四条，我孔丘一条也没能做到。子女应该孝敬父母,我没能做到;臣民应该忠于国君,我没能做到;弟弟应该尊敬哥哥,我没能做到;朋友应该有信用,我没能做到。平常的道德要实行,平常的言谈应谨慎,我都做得不够圆满,所以不敢不努力去弥补,即使有长于他人的也不敢显露。说话要考虑到能否做到,做事也要考虑到说过的话。这样的君子怎么可能不忠厚诚实呢!"

启 示

孔子认为,每个人在日常生活中都应该严肃认真、小心谨慎,做一个忠厚诚实的人。

第十四章

原 文

jūn zǐ sù qí wèi ér xíng, bú yuàn hū
君子素其位而行,不愿乎
qí wài。sù fù guì, xíng hū fù guì;sù pín
其外。素富贵,行乎富贵;素贫
jiàn, xíng hū pín jiàn;sù yí dí, xíng hū yí
贱,行乎贫贱;素夷狄,行乎夷

狄；素患难，行乎患难。君子无入而不自得焉！

译文

君子安于现在所处的地位，去做应该做的事，不对地位以外的名利存非分之想。处于富贵的地位，就做富贵人应该做的事；处于贫贱的状况，就做贫贱人应该做的事；处于边远地区，就做在边远地区应该做的事；处于患难之中，就做在患难之中应该做的事。君子没有什么情况是不能安然自得的！

启示

本分是中庸的一种境界。君子为人处世，无论处于怎样的境况，都怡然自得，不想分外的事情，这其实是一种随遇而安。每个人在世界上都会有一个位子，在你的位子上努力活得最好，就足够了。但是，这么简单的事情，也已经很少有人能做到了。小朋友，你呢？

原文

在上位，不陵下；在下位，不援上。正己而不求于人，则无怨。上不怨天，下不尤人。故君子居易以俟命，小人行险以徼幸。子曰："射有似乎君子，失诸正鹄，反求诸其身。"

译文

处于高位，不欺侮在低位的人；处于低位，不巴结在高位的人。端正自己而不苛求别人，这样就不会有什么抱怨了。上不怨恨天，下不责怪人。所以，君子安分守己，等待天命的安排，小人却铤而走险，妄图获得不应得的好处。孔子说："君子为人处世就像射箭一样，射不中，不怪靶子不正，只怪自己箭术不行。"

启示

君子射箭没有射中，不恨靶子不正，而怨自己的箭术不行。这就好像小朋友们学习一样，如果考试没考好，不要认为是试卷太难的缘故啊，要多从我们自身去找原因，只有这样，下次考试才能取得进步。

第十五章

原　文

君子之道，辟如行远必自迩，辟如登高必自卑。《诗》曰："妻子好合，如鼓瑟琴。兄弟既翕，和乐且耽。宜尔室家，乐尔妻帑。"子曰："父母其顺矣乎！"

译　文

　　君子实行中庸之道，就像走远路一样，必定要从近处出发；就像登高山一样，必定要从低处起步。《诗经》说："妻子儿女感情和睦，就像琴瑟一样弹奏出和谐的乐曲。兄弟关系融洽，和顺又快乐。你的家庭美满,妻儿都幸福愉悦。"孔子赞叹说:"这样,父母也就称心如意了啊!"

启 示

俗话说得好:"千里之行,始于足下。"中庸之道也一样,要从一点一滴开始做起,从自身做起,从家庭做起。

故 事

君子之交淡如水

唐贞观年间,薛仁贵尚未得志之前,与妻子住在一个破窑洞中,衣食无着落,全靠王茂生夫妇经常接济。后来,薛仁贵参军,在跟随唐太宗李世民御驾东征时,因薛仁贵平辽功劳特别大,被封为"平辽王"。

一登龙门,身价百倍,前来王府送礼祝贺的文武大臣络绎不绝,可都被薛仁贵婉言谢绝了。他惟一收下的是普通老百姓王茂生送来的"美酒两坛"。一打开酒坛,负责启封的执事官吓得面如土色,因为坛中装的不是美酒而是清水!

"启禀王爷,此人如此大胆戏弄王爷,请王爷重重地惩罚他!"岂料薛仁贵听了,不但没有生气,而且命令执事官取来大碗,当众饮下三大碗王茂生送来的清水。

在场的文武百官不解其意,薛仁贵喝完三大碗清水之后说:"我过去落难时,全靠王兄弟夫妇经常资助,没有他们就没有我今天的荣华富贵。如今我美酒不沾,厚礼不收,却偏偏要收下王兄弟送来的清水,因为我知道王兄弟贫寒,送清水也是王兄的一番美意,这就叫君子之交淡如水。"

此后,薛仁贵与王茂生一家关系甚密,"君子之交淡如水"的佳话也就流传了下来。

知识

夷狄

古称东方部族为夷,北方部族为狄,常用以泛称除华夏族以外的各族。公元前2200年,夷狄部落曾生活于平泉一带,平泉一带有夷狄造酒的说法。

第十六章

原 文

zǐ yuē　　guǐ shén zhī wéi dé　qí
子 曰:"鬼 神 之 为 德, 其

盛矣乎！视之而弗见，听之而弗闻，体物而不可遗。使天下之人，齐明盛服，以承祭祀。洋洋乎，如在其上，如在其左右。《诗》曰：'神之格思，不可度思，矧可射思。'夫微之显，诚之不可掩如此夫！"

译文

　　孔子说："鬼神的德行，可真是大得很啊！看它也看不见，听它也听不到，但它生养万物，没有一事一物遭到遗弃。让天下的人都斋戒沐浴，穿上庄重整齐的服装去敬奉祭祀它。浩浩荡荡，鬼神好像飘浮在人们的头上，又仿佛流动在人们的身旁。《诗经》说：'鬼神的降临啊，不可揣测啊，怎么能够怠慢不敬呢？'鬼神既看不见又听不到，十分隐微，而善于赐福降祸，又非常明显，真实的东西是不可掩盖的，就像鬼神一样啊！"

启示

这一章是在借鬼神谈论中庸之道,也许看不见听不到它们,但孔子认为它们都存在着。

第十七章

原文

子曰:"舜其大孝也与!德为圣人,尊为天子,富有四海之内,宗庙飨之,子孙保之。故大德必得其位,必得其禄,必得其名,必得其寿。故天之生物,必因其材而笃焉。故栽者培之，倾者覆之。《诗》曰：'嘉乐君子，宪宪令德。宜民宜人，受禄于天。保佑命之，自天申之。'故大德者必受命。"

译文

孔子说："舜大概是个最孝顺的人了！德行上是圣人，地位上是尊贵的天子，财富上拥有整个天下，宗庙里祭祀他，子子孙孙都继承他的功业。所以，有大德的人必定得到他应得的地位、财富、名声，而且长寿。所以，上天生养万物，必定根据它们的本性来精心照料。能够栽种的就加以培育，倾斜枯萎的就让它覆没。《诗经》说：'高尚优雅的君子，有光明美好的德行，让人民安居乐业，享受上天赐予的福禄。上天保佑他、任用他，这是上天的意志啊。'所以，有大德的人必然承受天命做天子。"

启 示

孔子认为,具有中庸之道的圣人,必定会受到上天的保佑。这其实是在鼓励人们追求道德、刻苦修养。

故 事

感天动地

舜是传说中的远古帝王,五帝之一,姓姚,名重华,号有虞氏,史称虞舜。相传他的父亲瞽叟及继母、异母弟象,多次想害死他:让舜修补谷仓仓顶时,从谷仓下纵火,舜手持两个斗笠跳下逃脱;让舜掘井时,瞽叟与象却下土填井,舜掘地道逃脱。

事后舜毫不嫉恨,仍对父亲恭顺,对弟弟慈爱。他的孝行感动了天帝。舜在历山耕种,大象替他耕地,鸟代他锄草。帝尧听说舜非常孝顺,有处理政事的才干,把两个女儿娥皇和女英嫁给他;经过多年观察和考验,选定舜做他的继承人。

舜登天子位后,去看望父亲,仍然恭恭敬敬,并封象为诸侯。

后人有诗赞曰:队队春耕象,纷纷耘草禽。嗣尧登宝位,孝感动天心。

知识

禅让

禅让制度指古代帝王让位给不同姓的人，如伊祁姓的尧让位给姚姓的舜，舜让位给姒姓的禹。这是一种"拟父子相继、兄终弟及"的王位继承制度，是对正统王位继承制的模拟，是上古政治舞台上部族政治激烈角力的结果，目的是让各大部族的代表人物有机会分享最高权力。

第十八章

原　文

子曰："无忧者，其惟文王乎？以王季为父，以武王为子，父作之，子述之。武王缵大王、王季、文王之绪，

yì róng yī ér yǒu tiān xià shēn bù shī tiān
一戎衣而有天下。身不失天
xià zhī xiǎn míng zūn wéi tiān zǐ fù yǒu sì
下之显名，尊为天子，富有四
hǎi zhī nèi zōng miào xiǎng zhī zǐ sūn bǎo
海之内，宗庙飨之，子孙保
zhī
之。”

译 文

孔子说：“古代帝王中无忧无虑的，大概只有周文王吧！因为他有贤明的王季做父亲，有英勇的武王做儿子，父亲为他开创了基业，儿子继承了他的遗志，完成了他没有完成的事业。武王继续着曾祖太王、祖父王季、父亲文王未完成的功业，灭掉了殷，夺得了天下。周武王这种以下伐上的正义行动，不仅没有使他自身失掉显赫的美名，反而被天下人尊为天子，掌握四海的财富，后代在宗庙里祭祀他，他的事业由子孙继承。”

启 示

孔子认为周武王的行为是顺应天意，符合中庸之道的。

知　识

宗庙

我国的宗庙制度是祖先崇拜的产物。人们在阳间为亡灵建立的寄居所即宗庙。帝王的宗庙制是天子七庙，诸侯五庙，大夫三庙，士一庙，庶人不准设庙。同时宗庙是供奉历朝历代国王牌位、举行祭祀的地方。

原　文

"武王末受命，周公成文武之德，追王大王、王季，上祀先公以天子之礼。斯礼也，达乎诸侯、大夫及士、庶人。父为大夫，子为士，葬以大夫，祭以士；父为士，子为大夫，葬以士，祭以大夫。期之丧，达乎大夫；三年之丧，达乎天子。父母之丧，无贵贱，一也。"

译 文

"周武王直到晚年才承受上天之命而为天子，周公完成了文王和武王的德业，追尊太王、王季为王，用天子的礼制来追祀祖先，并且把这种礼制一直实行到诸侯、大夫、士和老百姓中间。周公制定的礼节规定：如果父亲是大夫，儿子是士，父亲死时就要按大夫的礼制安葬，按士的礼制祭祀；如果父亲是士，儿子是大夫，父亲死时就要按士的礼制安葬，按大夫的礼制祭祀。一周年的守丧期，从老百姓通行到大夫；三年的守丧期，从老百姓通行到天子。至于给父母守丧，本身就没有贵贱的区别，天子和老百姓都是一样的。"

启 示

周公制定礼仪，推行孝道，这些都符合中庸之道。孝敬父母也始终是中华民族不变的美德。

故 事

姜太公钓鱼

很久很久以前，有个叫姜子牙的人。他很想有一番大作为，可是已经70多岁了，还是一事无成。他听说周文王是位贤君，很想投奔他，只可惜没有机会见到。不过聪明的姜子牙终于还是想出了个好办法。

姜子牙打听到周文王经常来渭水边散步，于是他就天天到渭水边来钓鱼，想等文王路过的时候可以见到他。这天，有个王孙公子模样的人也来钓鱼，见姜子牙的钩是直的，而且离水面三尺远，又没有饵，说："能钓住鱼吗？"姜子牙笑着说："怎么就不能钓鱼，愿者上钩嘛！"

这个人就是文王的儿子姬发，也就是以后的周武王。姬发回去告诉了父亲文王。文王听了，一开始也觉得好笑，但仔细一寻思，觉得这肯定是个智慧超群的人，便决定亲自去看看。

文王来到河边，见姜子牙手扶鱼竿，不经意地念叨："钓钓钓，小鱼没来大鱼到，愿者上钩钩，愿者上钩钩。"文王听了这话，感觉分明就是在说自己嘛！于是赶忙上前作揖打躬，讲了自己的身份。姜子牙和文王谈天说地，讲三皇五帝，又讲治国安邦，一直谈到纣王无道，应该伐纣灭商。两人越谈越投机，一直谈到太阳落山。

周文王叫姜子牙收起鱼竿跟他回宫,姜子牙执意不去,文王说:"我明天亲自赶马车来请你啦!"姜子牙哈哈大笑,指着鱼竿说:"你这可真是愿者上钩呀!"

后来,姜子牙辅佐周文王,兴邦立国,还帮助周文王的儿子周武王姬发灭掉了商朝。

知识

周文王与易经

周文王姬昌是周朝奠基者,他悉心钻研上古先天易、连山易、归藏易,将其规范化、条理化,演绎成六十四卦和三百八十四爻,有了卦辞、爻辞,人称《周易》。经过历代文人学者与统治阶层的传承,文王创建的《周易》成为中国的圣经、诸子百家之源,乃至到人们的日常生活都与之有着密切的联系。

第十九章

原　文

zǐ yuē　　wǔ wáng　zhōu gōng　qí dá
子曰:"武王、周公,其达

孝矣乎！夫孝者，善继人之志，善述人之事者也。春秋修其祖庙，陈其宗器，设其裳衣，荐其时食。宗庙之礼，所以序昭穆也；序爵，所以辨贵贱也；序事，所以辨贤也；旅酬下为上，所以逮贱也；燕毛，所以序齿也。"

译文

　　孔子说："周武王和周公大概可称为通达孝道的人了吧！所谓孝道，就是善于继承先人的遗志，善于继续先人未完成的事业。在春秋两季祭祀的时节，整修祖宗庙宇，陈列祭祀器具，摆设先王遗留下来的衣裳，进献祭祀的鲜美食品。宗庙祭祀的礼仪，是要排列父子、长幼、亲疏的次序；按官职爵位排列次序，是为了区别贵贱；按职务排列次序,是为了分辨人的贤与不贤；晚辈先向长辈举杯敬酒,是为了让祖先的恩惠延及到晚辈；宴饮时按年龄大小来决定座次,这样就能秩序井然。"

启示

周代祭祀的一些礼节,都是围绕"孝"字来制定的。祭祀完毕,举行宴会时,以毛发颜色来区别长幼,安排座次。

知识

昭穆

昭穆是宗法制度对宗庙或墓地的辈次排列规则和次序。二世、四世、六世,位于始祖之左方,称"昭"；三世、五世、七世,位于始祖之右方,称"穆"。坟地葬位的左右次序也按此规定排列。以周代天子七庙为例,自始祖之后,父为昭,子为穆。排列时,大祖居中,三昭位于大祖的左方；三穆位于大祖的右方,以此来分别宗族内部的长幼次序、亲疏远近。

原文

"践其位，行其礼，奏其
jiàn qí wèi　xíng qí lǐ　zòu qí
乐，敬其所尊，爱其所亲。事死
yuè　jìng qí suǒ zūn　ài qí suǒ qīn　shì sǐ

如事生，事亡如事存，孝之至也。郊社之礼，所以事上帝也；宗庙之礼，所以祀乎其先也。明乎郊社之礼、禘尝之义，治国其如示诸掌乎！"

译文

"站到合适的位置上，行先王传下的祭礼，演奏先王时代的音乐，尊敬先王所尊敬的祖先，亲爱先王所亲爱的子孙臣民。侍奉死去的祖先就像他还活着一样；侍奉不存在的祖先就像他还存在一样，这才是孝的最高境界。举行郊社祭祀的礼节，是用来侍奉皇天后土的；举行宗庙祭祀的礼节，是用来祭祀祖先的。明白了郊社的礼节、大祭小祭的意义，那么治理天下国家，就好像看放在自己手掌上的东西那样容易掌握了吧！"

第二十章

原　文

āi gōng wèn zhèng　zǐ yuē　　wén wǔ
哀 公 问 政。子 曰："文 武
zhī zhèng　bù zài fāng cè　qí rén cún　zé
之 政，布 在 方 策。其 人 存，则
qí zhèng jǔ　qí rén wáng　zé qí zhèng
其 政 举；其 人 亡，则 其 政
xī　rén dào mǐn zhèng　dì dào mǐn shù　fú
息。人 道 敏 政，地 道 敏 树。夫
zhèng yě zhě　pú lú yě　gù wéi zhèng zài
政 也 者，蒲 卢 也。故 为 政 在
rén　qǔ rén yǐ shēn　xiū shēn yǐ dào　xiū
人，取 人 以 身，修 身 以 道，修
dào yǐ rén
道 以 仁。"

译　文

鲁哀公询问关于治理国家的道理。孔子说："周文王、周武王的政事都记载在典籍上。圣君贤臣在世,这些政事就顺利推行;圣君贤臣去世,这些政事也就废弛了。统治百姓的办法是勤于政事,治理荒地的办法是努力种植树木。这政事啊,就像地上的芦苇一样。要治理国家就要得到贤臣,得到贤臣的辅助就要修养自身品德,修养自身品德就要遵循大道,遵循大道就要从仁爱做起。"

启 示

修身的基本原则是"仁",而"仁"就是我们大家相亲相爱。小朋友,你做到了吗?

故 事

庄子见鲁哀公

一个阳光明媚的早晨,庄子身上穿着破衣烂衫,脚上穿着草鞋,走了很远的路,去拜见鲁国的哀公。鲁哀公看见他很高兴地说:"我们鲁国儒生多,但学习先生道家思想的人却很少呀!"庄子笑笑说:"鲁国的儒生很少的。"鲁哀公说:"我们鲁国遍地都是穿儒服的人,怎么能说儒生少呢?"庄子说:"我听说,儒生戴圆帽的懂得天时,穿方口鞋的知道地理,用五色丝绳系着佩玉的,很会决断。可是穿着儒服的人,未必懂得儒家的这些学术啊!您如果认为我说的不对,为什么不在国内下一道命令,说不懂儒家学术却穿儒家服装的人,一律处死!这样您就知道鲁国到底有多少儒生了。"于是鲁哀公就在城门上贴了告示,一直贴了五天,五天之后鲁国上下竟然没有一个人敢再穿儒服了。

不对!只有一个男子穿着儒服,站在王宫的门前,他是一个真正的儒生。一旁的庄子笑着对鲁哀公说:"怎么样,整个鲁国就只有一个儒生吧,您还敢说鲁国的儒生多吗?"

原 文

仁者,人也,亲亲为大;义者,宜也,尊贤为大。亲亲之杀,尊贤之等,礼所生也。在下位,不获乎上,民不可得而治矣。故君子不可以不修身。思修身,不可以不事亲;思事亲,不可以不知人;思知人,不可以不知天。

译文

　　仁就是爱人，爱自己的亲族是最大的仁。义就是事事做得适宜，尊重贤人是最大的义。爱亲人要分亲疏远近，尊重贤人要有贵贱等级，礼由此而产生。在低位的人，如果得不到在高位的人信任，就不可能治理好平民百姓。所以，君子不能不注意修养自己；要修养自己，就不能不侍奉亲人；要侍奉亲人，就不能不了解他人；要了解他人，就不能不知道天理。

启示

　　爱自己的亲人，就是最大的仁。这就教育我们，关爱别人可以从身边做起，从点滴做起。

知识

鲁哀公

　　鲁哀公为姬姓，名将，是鲁定公的儿子，春秋时期鲁国的第二十六任君主，公元前494到前468年在位。他在鲁定公死后即位。在位期间执政的是季孙斯、叔孙州仇、仲孙何忌、季孙肥、叔孙舒、仲孙彘。前468年，鲁哀公去世，其子鲁悼公即位。

原文

"天下之达道五，所以行之
　tiān xià zhī dá dào wǔ　suǒ yǐ xíng zhī

者三。曰：君臣也，父子也，夫妇也，昆弟也，朋友之交也。五者，天下之达道也。知、仁、勇三者，天下之达德也。所以行之者一也。或生而知之，或学而知之，或困而知之，及其知之一也。或安而行之，或利而行之，或勉强而行之，及其成功一也。"

译 文

"天下通行的道理有五条，实践这五条道理的德行有三种。君臣、父子、夫妇、兄弟、朋友之间的交往，就是天下通行的道理。智慧、仁爱、勇敢，这三者是遍行天下的美德。这些道理和美德的实施,落在一个诚字上。这些道理,有的人生来就知道它们,有的人通过学习才知道它们,有的人要经过困惑探求后才知道它们,但只要他们最终都知道了,也就是一样的了。又比如说,有的人自愿去实行,有的人为了某种好处去实行,有的人勉强去实行,但只要最终都实行起来了,也就是一样的了。"

启 示

关于智慧、仁爱、勇敢的道理,无论小朋友们什么时候明白,都不晚。

原 文

子曰:"好学近乎知,力行近乎仁,知耻近乎勇。知斯三者,则知所以修身;知所以修身,则知所以治人;知所以治人,则知所以治天下国家矣。"

译 文

孔子说:"喜欢学习就接近智慧了,努力实行就接近仁爱了,知道羞耻就接近勇敢了。知道这三点,就知道修养自己的方法;

知道修养自己的方法,就知道治理他人的方法;知道治理他人的方法,就知道治理天下和国家的方法。"

启 示

好学、力行、知耻是修养自己的基础,从它们入手,我们可以很容易具备智慧、仁爱、勇敢这三种美德,将来才能实现自己的理想。这三件事做起来应该不难,大家起来试试吧。

原 文

凡为天下国家有九经,曰:修身也,尊贤也,亲亲也,敬大臣也,体群臣也,子庶民也,来百工也,柔远人也,怀诸侯也。修身则道立,尊贤则不惑,亲亲则诸父昆弟不怨,敬大臣则不眩,体群臣则士

之报礼重，子庶民则百姓
劝，来百工则财用足，柔远
人则四方归之，怀诸侯则天下
畏之。

译 文

　　凡是治理天下，一般有九条原则，那就是：修养自身，尊重贤人，亲爱亲族，敬重大臣，体恤群臣，爱民如子，招纳工匠，善待远客，安抚诸侯。修养自身就能确立正道；尊重贤人就不会思想困惑；亲爱亲族就不会惹得叔伯兄弟怨恨；敬重大臣就不会遇事慌张；体恤群臣，士人们就会尽力报答；爱民如子，老百姓就会努力生产；招纳工匠，财物就会充足；优待远客，四方就会来归顺；安抚诸侯，天下就会敬服。

启 示

　　治国有九条法宝，第一条是修养自身。

故 事

孙叔敖任宰相

孙叔敖任楚国宰相时,全国官吏和人民都来道贺。但是,有一位老人却穿粗麻衣,戴白帽子以丧服吊唁他。众人都觉得老人真是触霉头,孙叔敖却赶紧整冠肃衣迎接老人,虔敬地请教他:"楚王不知道我能力不好,委我相位,众人都来向我道贺,但我恐怕以后要承受百姓的责怪。您说来吊丧,一定有高见要指教吧?"

老人说:"的确有些话想提醒你:身份高贵但对人骄傲,必会被人民抛弃;地位高而擅权,必遭君王讨厌;俸禄多而不知足,必招灾祸。"

孙叔敖恭敬的道谢:"谨遵教诲,您还可以再教我一些吗?"

老人说:"地位越高,态度要更谦卑;官位越大,要更加细心;俸禄越多,取舍更要谨慎。能谨守这三点,就足以治好楚国了。"果真,孙叔敖成为廉洁的名相,上任三个月,楚国大治。

知 识

百工

百工是我国古代主管营建制造的工官名称,以后沿用

> 为各种手工业者和手工业行业的总称。魏晋南北朝时期，百工被严格控制在官府手工业作坊中劳动，他们具有专门技能，主要从事于金、石、竹、漆、土、木和纺织等行业。

原文

齐明盛服，非礼不动，所以修身也。去谗远色，贱货而贵德，所以劝贤也。尊其位，重其禄，同其好恶，所以劝亲亲也。官盛任使，所以劝大臣也。忠信重禄，所以劝士也。时使薄敛，所以劝百姓也。日省月试，既禀称事，所以劝百工也。
送往迎来，嘉善而矜不能，所以柔远人也。

译 文

洁净心灵，服饰端庄，不符合礼仪的事坚决不做，这是修养自己的方法。不听谄言，疏远女色，看轻财物而重视道德，这是为了鼓励贤人。提高亲族的地位，给他们丰厚的俸禄，与他们爱憎相同，这是为了鼓励人们亲爱亲人。多设小官给大臣使唤，让他们集中精力考虑国家大事，这是为了鼓励大臣。对士人忠实守信，给他们丰厚的俸禄，这是为了鼓励士人。按照时令役使百姓而不误农时，少收赋税，这是为了鼓励百姓。天天查看月月考核，按劳付酬，这是为了鼓励工匠。来时欢迎，去时欢送，嘉奖有才能的人，同情才能不足的人，这是为了安抚远方来客。

启 示

礼和忠是一个人的外在表现，而仁是一个人的内心世界。内在思想和外在形式必须相一致的观点，对今天的人也是很有参考价值的。

大学·中庸

知识

周礼

儒家经典，十三经之一。世传为周公旦所著，融合道、法、阴阳等家思想。春秋孔子时对其发生了极大变化，书中记载先秦时期汉族社会政治、经济、文化、风俗、礼法诸制，多有史料可采。所涉及之内容极为丰富。大至天下九州，天文历象；小至沟洫道路，草木虫鱼。凡邦国建制，政法文教，礼乐兵刑，赋税度支，膳食衣饰，寝庙车马，农商医卜，工艺制作，各种名物、典章、制度，无所不包。堪称为汉族文化史之宝库。

原 文

"继绝世，举废国，治乱持危，朝聘以时，厚往而薄来，所以怀诸侯也。凡为天下国家有九经，所以行之者一也。"

译 文

"延续已经绝后的家族,复兴已经颓废的邦国,治理混乱,解救危难,按时接受朝见,用厚礼回赠诸侯,却让他们以薄礼进贡,这是为了安抚诸侯。总而言之,治理天下有九条原则,但实行这些原则的道理都是一样的,关键在一个'诚'字。"

启 示

这一节继续介绍如何具体实施治国的九条法宝,而贯穿这九条法宝的原则,就是一个字"诚",要诚心诚意去做。小朋友们可以开动脑筋,看看这九条法宝,是不是也可以用在日常生活中呢?

原 文

"凡事豫则立,不豫则废。言前定则不跲,事前定则不困,行前定则不疚,道前定则不穷。"

译 文

"任何事情,事先有准备就会成功,事先没准备就会失败。说话先有准备,就不会说不下去;做事先有准备,就不会遭受挫折;行动先有准备,就不会出问题;实行中庸之道先有准备,就不会陷入绝境。"

启 示

这里告诉我们一个道理,无论做什么事情,要想成功,必须事先有准备。无论是日常的学习,还是组织某个活动,甚至仅仅是说一段话,都要事先准备好,这样中途才不会发生困难,即使万一遇到了困难,也能很好地解决。如果做事情之前,不准备好,那么成功的可能性就很小。小朋友,你觉得呢?

原 文

zài xià wèi bú huò hū shàng　mín bù kě
在 下 位 不 获 乎 上 , 民 不 可
dé ér zhì yǐ　huò hū shàng yǒu dào　bú xìn
得 而 治 矣。获 乎 上 有 道 , 不 信
hū péng yǒu　bú huò hū shàng yǐ　xìn hū
乎 朋 友 , 不 获 乎 上 矣。信 乎
péng yǒu yǒu dào　bú shùn hū qīn　bú xìn hū
朋 友 有 道 , 不 顺 乎 亲 , 不 信 乎
péng yǒu yǐ　shùn hū qīn yǒu dào　fǎn zhū
朋 友 矣。顺 乎 亲 有 道 , 反 诸
shēn bù chéng　bú shùn hū qīn yǐ　chéng
身 不 诚 , 不 顺 乎 亲 矣。诚

shēn yǒu dào, bù míng hū shàn, bù chéng hū
身有道，不明乎善，不诚乎
shēn yǐ
身矣。

译文

在下位的人臣，如果得不到君王的信任，就不可能治理好平民百姓。要得到君王的信任是有办法的，如果得不到朋友的信任，也就得不到君王的信任。要得到朋友的信任是有办法的，如果不孝顺父母，就得不到朋友的信任。孝顺父母是有办法的，如果自己不真诚，就不能孝顺父母。要使自己真诚是有办法的，如果不明白什么是善，就不能够使自己真诚。

启示

这里说得非常好，一层一层地推进，最后落实到的是从身边的小事做起，说到底是要"善"。做人必须懂得"善"，努力做到"诚"。无论什么事，都要从"诚"开始。小朋友们都是有理想的人，如果打算将来做大事，一定要从现在开始，努力做到诚信、诚心，以此来对待身边的每一个人、每一件事。

故事

秦朝末年，楚汉相争。有一次，韩信率1500名将士与楚王大将李锋交战。苦战一场，楚军不敌，败退回营，汉军也死伤四五百人，于是，韩信整顿兵马也返回大本营。当行至一山坡，忽有后军来报，说有楚军骑兵追来。只见远方尘土飞扬，杀声震天。

汉军本来已十分疲惫，这时队伍大哗。韩信兵马到坡顶，见来敌不足五百骑，便急速点兵迎敌。他命令士兵3人一排，结果多出2名；接着命令士兵5人一排，结果多出3名；他又命令士兵7人一排，结果又多出2名。

韩信马上向将士们宣布：我军有1073名勇士，敌人不足五百，我们居高临下，以众击寡，一定能打败敌人。汉军本来就信服自己的统帅，这一来更认为韩信是"神仙下凡""神机妙算"。于是士气大振，一时间旌旗摇动，鼓声喧天，汉军步步逼近，楚军乱作一团。

交战不久，楚军大败而逃。

知识

九经

九经就是中庸之道用来治理天下国家以达到太平和合的九项具体工作。这九项工作是：修养自身，尊重贤人，爱护亲族，敬重大臣，体恤众臣，爱护百姓，劝勉各种工匠，优待远方来的客人，安抚诸侯。

原文

"诚者，天之道也；诚之

者，人之道也。诚者，不勉而中，不思而得，从容中道，圣人也。诚之者，择善而固执之者也。"

译文

"真诚，是上天赋予的品德，追求真诚，是做人的原则。天生真诚的人，不用勉强就能做到诚，不用思考就能拥有诚，自然而然地符合上天的原则，这样的人是圣人。努力做到真诚，就是要选择美好的目标并且执著追求。"

启示

有人天生具有"诚"的品质，这是圣人；而有人却要经过后天努力，才能拥有"诚"，这是你我这样的普通人。以现在的观点来看，"诚"都是靠自我修养才得来的，哪有什么圣人呢？让我们一起，选择美好的目标来执着追求吧！

故 事

立木为信

春秋战国时,秦国的商鞅在秦孝公的支持下主持变法。当时处于战争频繁、人心惶惶之际,为了树立威信,推进改革,商鞅下令在都城南门外立一根三丈长的木头,并当众许下诺言:谁能把这根木头搬到北门,赏金十两。

围观的人不相信如此轻而易举的事能得到如此高的赏赐,结果没人肯出手一试。于是,商鞅将赏金提高到50金。重赏之下必有勇夫,终于有人站起将木头扛到了北门。商鞅立即赏了他50金。

商鞅这一举动,在百姓心中树立起了威信,而商鞅接下来的变法就很快在秦国推广开了。新法使秦国渐渐强盛,最终统一了中国。

原 文

　　　　　bó xué zhī　　shěn wèn zhī　　shèn sī
"博学之,审问之,慎思
zhī　　míng biàn zhī　　dǔ xíng zhī　　yǒu fú xué
之,明辨之,笃行之。有弗学,
xué zhī fú néng　　fú cuò yě　　yǒu fú wèn
学之弗能,弗措也;有弗问,

问之弗知，弗措也；有弗思，思之弗得，弗措也；有弗辨，辨之弗明，弗措也；有弗行，行之弗笃，弗措也。人一能之，己百之；人十能之，己千之。果能此道矣，虽愚必明，虽柔必强。"

译文

"广泛学习,详细询问,慎重思考,清晰辨别,坚定执行。要么不学习,学了没有学会就绝不罢休;要么不问,问了还不明白就绝不罢休;要么不想,想了没有想通就绝不罢休;要么不辨别,辨别了没有明确就绝不罢休;要么不实行,实行了没有切实做到就绝不罢休。别人用一倍功夫能做到的,我用百倍的功夫去做;别人用十倍功夫能做的,我用千倍的功夫去做。果真能够这样,那么愚笨的人也一定可以变得聪明起来,柔弱的人也一定可以变得刚强起来。"

启示

这一节继续告诉我们如何追求善与诚。小朋友们可以想一想,在我们日常生活中,这些道理是不是也非常实用呢?不达目的不罢休的精神和下苦功夫的精神,哪一个是可以缺少的呢?

故事

闻鸡起舞

晋代有个叫祖逖(tì)的人,小时候非常顽皮,都十四五岁了,也没读过多少书。有一天,祖逖忽然开了窍,意识到自己知识的贫乏,就发奋读起书来。他到京都洛阳去,向有学问的人请教。接触过他的人都说,祖逖是个能辅助帝王治理国家的人。

后来,祖逖和幼时的好友刘琨一起做了司州主簿。他与刘琨感情深厚,不仅常常同床而卧,同被而眠,而且两人还有着共同的远大理想,那就是建功立业,成为国家的栋梁之材。两人经常谈论这些,而且一谈就是大半夜。

一次,半夜里祖逖听到公鸡报晓,他把刘琨踢醒,对他说:"别人都认为半夜听见鸡叫不吉利,我偏不这样想,咱们以后干脆听见鸡叫就起床练剑,如何?"刘琨正有此意,就一口答应了。于是两人每天鸡叫后便起床练剑,借着月光,他们把剑舞得飞起来,不管刮风下雨,从不间断。功夫不负苦心人，经过长期的刻苦学习和训练，他们终于成为能文能武的全才。

知识

为学的层次

"博学之，审问之，慎思之，明辨之，笃行之。"这说的是为学的几个层次，或者说是几个递进的阶段。"博学之"意谓为学首先要广泛的猎取，培养充沛而旺盛的好奇心。"审问"为第二阶段，有所不明就要追问到底，要对所学加以怀疑。问过以后还要通过自己的思想活动来仔细考察、分析，否则所学不能为自己所用，是为"慎思"。"明辨"为第四阶段。学是越辨越明的，不辨，则所谓"博学"就会鱼龙混杂，真伪难辨，良莠不分。"笃行"是为学的最后阶段，就是既然学有所得，就要努力践履所学，使所学最终有所落实，做到"知行合一"。